COURS COMPLET

D'HISTOIRE ET DE GÉOGRAPHIE

Rédigé

LES NOUVEAUX PROGRAMMES

arrêtés en conformité du décret du 4 décembre 1864
par arrêtés des 24 et 25 mars 1865

POUR L'ENSEIGNEMENT DANS LES LYCÉES

par

MM. Ed. ANSART & A. RENDU

CLASSE DE SECONDE

GÉOGRAPHIE PARTICULIÈRE DE L'ASIE,
DE L'AFRIQUE, DE L'AMÉRIQUE ET DE L'OCÉANIE

PARIS
LIBRAIRIE ECCLÉSIASTIQUE

COURS COMPLET

D'HISTOIRE ET DE GÉOGRAPHIE

DESCRIPTION PARTICULIÈRE

DE

L'ASIE, DE L'AFRIQUE, DE L'AMÉRIQUE ET DE L'OCÉANIE

Classe de seconde.

G

COURS COMPLET
D'HISTOIRE ET DE GÉOGRAPHIE

SPÉCIALEMENT RÉDIGÉ

d'après les Programmes arrêtés les 24 et 25 mars 1865

en conformité du décret du 4 décembre 1864

PARTIE HISTORIQUE

Par feu MM. FÉLIX ANSART et AMBROISE RENDU

Nouvelle édition, revue par M. l'abbé PARADIS.

CLASSE DE SIXIÈME.

HISTOIRE ANCIENNE, Première Partie : *Histoire de l'Orient.* 1 volume in-12, broché. 2 fr. 50 c

CLASSE DE CINQUIÈME.

HISTOIRE ANCIENNE, Seconde Partie : *Histoire de la Grèce.* 1 vol. in-12, broché. . . . . 2 fr. 50 c.

CLASSE DE QUATRIÈME.

HISTOIRE ANCIENNE, Troisième Partie : *Histoire de Rome.* 1 vol. in-12, broché. . . . . 2 fr. 50 c.

CLASSE DE TROISIÈME.

HISTOIRE DE FRANCE ET HISTOIRE DU MOYEN AGE, DU V° AU XIV° SIÈCLE, 1 vol. in-12, broché. . . . . 3 fr. 25 c.

CLASSE DE SECONDE.

HISTOIRE DE FRANCE, DU MOYEN AGE ET DES TEMPS MODERNES, DU XIV° SIÈCLE AU MILIEU DU XVII° 1 vol. n12 broché. . . . . 3 fr. 25 c.

CLASSE DE RHÉTORIQUE.

HISTOIRE DE FRANCE ET HISTOIRE MODERNE depuis l'avènement de Louis XIV jusqu'à 1815, 1 vol. in-12, broché. . . 3 fr. 25 c.

Le cartonnage se paye en sus 25 centimes par volume.

PARTIE GÉOGRAPHIQUE

Par M. EDMOND ANSART fils

Professeur d'histoire et de géographie, membre de la Société de géographie.

Classe de sixième. — *Géographie physique du globe et Géographie générale de l'Asie moderne.* 1 vol. in-12, cartonné. . . . . . . » 75 c.

Classe de cinquième. — *Géographie générale de l'Europe et de l'Afrique moderne.* 1 vol. in-12, cartonné. . . . . » 75 c.

Classe de quatrième. — *Géographie générale de l'Amérique et de l'Océanie.* 1 vol. in-12, cartonné. . . . . » 75 c.

Classe de troisième. — *Description particulière de l'Europe.* 1 vol. in-12, cartonné. . . . . 1 fr. 50 c.

Classe de seconde. — *Description particulière de l'Asie, de l'Afrique, de l'Amérique et de l'Océanie.* 1 vol. in-12, cartonné. . . . . . 1 fr. 25 c.

Classe de rhétorique. — *Révision sommaire de la Géographie générale.* 1 vol. in-12, cartonné. . . . . 2 fr.

Tous les volumes annoncés ci-dessus peuvent se vendre séparément.

Chaque volume contient les CARTES CORRESPONDANTES AUX QUESTIONS DE GÉOGRAPHIE prescrites par les Programmes.

Paris. — Imprimerie ÉDOUARD BLOT, rue Bleue, 7.

COURS COMPLET
D'HISTOIRE ET DE GÉOGRAPHIE

D'APRÈS

LES NOUVEAUX PROGRAMMES

ARRÊTÉS LES 24 ET 25 MARS 1865 EN CONFORMITÉ DU DÉCRET

DU 4 DÉCEMBRE 1864

POUR L'ENSEIGNEMENT DANS LES LYCÉES IMPÉRIAUX

PAR

MM. Ed. ANSART Fils

Professeur d'histoire et de géographie, membre de la Société de Géographie,

ET

AMBROISE RENDU

Docteur en droit, Auteur de divers ouvrages classiques.

CLASSE DE SECONDE.

PARTIE GÉOGRAPHIQUE

DESCRIPTION PARTICULIÈRE

DE

L'ASIE, DE L'AFRIQUE, DE L'AMÉRIQUE ET DE L'OCÉANIE

TROISIÈME ÉDITION, REVUE ET CORRIGÉE

PARIS

LIBRAIRIE CLASSIQUE ET ECCLÉSIASTIQUE

DE CH. FOURAUT ET FILS

47, RUE SAINT-ANDRÉ-DES-ARTS, 47.

1869

EXTRAIT DES PROGRAMMES

DE

L'ENSEIGNEMENT DE L'HISTOIRE

ET DE LA GÉOGRAPHIE

DANS LES LYCÉES

PRESCRITS PAR ARRÊTÉ DE M. LE MINISTRE DE L'INSTRUCTION PUBLIQUE

DES 24 MARS 1865 ET 15 JUILLET 1866 (1).

CLASSE DE SECONDE.

DESCRIPTION PARTICULIÈRE DE L'ASIE, DE L'AFRIQUE, DE L'AMÉRIQUE ET DE L'OCÉANIE.

---

(1) Ce programme renferme exactement tout ce qui est exigé pour les examens du *baccalauréat ès lettres* et du *baccalauréat ès sciences.*

GÉOGRAPHIE GÉNÉRALE

CHAPITRE PREMIER

GÉOGRAPHIE DE L'ASIE

CHINE. — JAPON. — ÉTATS DE L'INDO-CHINE.

SOMMAIRE.

§ 1er. L'ASIE est bornée au N. par l'océan Glacial Arctique; à l'O. et au S. par les monts et le fleuve Oural, la mer Caspienne, le Caucase, la mer Noire, la Méditerranée, la mer Rouge et la mer des Indes; à l'E. par le Grand Océan. Elle a environ **10,600 kilom. sur 8,100.** Sa superficie dépasse **42** millions de kilom. carrés.

2. Les productions sont variées comme le climat, qui est rigoureux au N.; le centre est occupé par un plateau inculte; l'O. et l'E. sont doux, salubres et fertiles; le Sud est chaud et produit une riche végétation.

3. La population de l'Asie, d'environ **715** millions d'habitants, est pour 3 dixièmes blanche à l'O. et pour 7 dixièmes jaune à l'Est. Elle se décompose en 7 millions de chrétiens; 75 millions de mahométans; 650,000 juifs; le bouddhisme compte 193 millions de sectateurs; le brahmanisme, 90 millions; la religion de Confucius et le culte des Esprits, 345 millions; l'idolâtrie et les sectes diverses, 5 millions.

4. Les dix-neuf États de l'Asie sont : — **2** au N.: la Turquie d'Asie et la Russie d'Asie; — **7** au centre : Turkestan, Perse, Afghanistan, Hérat, Béloutchistan, Chine et Japon; — **10** au S. : Arabie, Inde anglaise, Hindoustan indépendant... français... portugais... Indo-Chine française, empire Birman, Siam, Annam, Malakka indépendant.

§ 11. 5. L'EMPIRE CHINOIS a pour bornes : la Sibérie au N.; le Turkestan à l'O., les Indes et l'Indo-Chine au S., la mer Orientale et celle du Japon à l'E. Les mers qui baignent la Chine sont : le Grand Océan, qui forme la mer Bleue et la mer Jaune, unies par les détroits de Tarrakaï, de Corée et de Formose. — Les fleuves sont : l'Amour, le Hoang-Hô et le Yang-Tsieu-Kiang. — Les lacs principaux sont ceux de Balkachi, Temourlou, Lop, Koukhounoor et Palté. — Les montagnes sont : l'Hindou-Khô, le Bolour-Dagh, le Belout-Dagh, le Térek-Dagh, l'Altaï, le Kouen-Lou, l'Himalaya et les monts Kan-ti-ssé.

6. L'empire Chinois se divise en provinces immédiates : Chine et Mandchourie, et provinces tributaires : Corée, Mongolie, séparées de la Chine par la grande muraille, puis Kalmoukie, Tibet e Boutan.

7. La Chine propre se divise en dix-huit provinces; ses principales villes sont : Pékin, capitale de l'empire; Nankin, Shang-Haï, Sou-Tchéou, Canton et Fou-Tchéou. — Les principales îles qui se rattachent à la Chine sont Formose et Haï-Nan, cap. Kioung-Tchéou.

8. Les pays tributaires sont : la Corée, au S. de la Mandchourie, capitale Hanyang-Tching ; la Mongolie, la Kalmoukie, à l'O., et la petite Boukharie, au S.-O. Le Tibet, au S.-O. de la Chine, capitale H'lassa. Le Boutan, au S. du Japon, capitale Tassisudon. — Les îles tributaires de la Chine sont : les Liou-Tchéou.

9. L'empire Chinois a 477 millions d'habitants, appartenant à la race jaune et dont les hautes classes suivent la religion de Confucius ; le reste suit la religion des Esprits et le bouddhisme. — Le gouvernement est absolu, mais les fonctionnaires doivent être pris parmi les lettrés ou mandarins. Les productions sont le thé, le sucre, le nankin, la porcelaine, la rhubarbe, le papier, l'encre, etc.

§ III. 10. Le JAPON, situé à l'E. de la Chine, se compose de quatre grandes îles et de beaucoup de petites. Il renferme beaucoup de montagnes, dont le volcan de Fousi-hama est la plus considérable. Les fleuves y sont petits, mais nombreux. On cite le lac Oyz, au S. de Niphon.

11. Niphon, la plus grande île, a pour villes principales Yédo, capitale de l'empire, et Miaco. Les autres îles importantes sont : Kiusiu, où est Nagasaki, un des ports ouverts au commerce; Sikokf, capitale Awa ; Yesso, ville principale Matsmaï, et les Kouriles.

12. La population est évaluée à 52 millions d'habitants de la race jaune. — Le gouvernement est partagé entre le Mikado, empereur et chef de la religion, et le Taïcoun ou roi, qui s'est emparé d'une partie du pouvoir. Les habitants professent le bouddhisme et la religion de Sinto. — Les tremblements de terre y sont fréquents, le sol peu fertile est riche en mines diverses; la population est industrieuse, et ses produits en porcelaine, papier, thé, etc., sont recherchés.

§ V. 13. L'INDO-CHINE est bornée au N. par la Chine et le Tibet; à l'O. par l'Hindoustan et le golfe du Bengale; au S. par le détroit de Malakka ; à l'E. par les golfes de Siam et de Tonkin. — Les mers qui baignent ce pays forment en plus le golfe de Martaban. La presqu'île de Malakka est jointe par l'isthme de Kra et terminée par les caps Romania et Bourou. — Les fleuves principaux sont : le Mékong, le Meïnam, le Salouen, l'Iraouaddy et le Brahmapoutre. — Les montagnes, peu connues, descendent du N. au S. Les principales îles sont : les archipels de Merghi, d'Andaman et de Nicobar, les îles Condor et les Paracels.

14. Ce pays se divise en 5 parties : Malakka indépendant, empire Birman, royaume de Siam, Indo-Chine française et empire d'Annam.

15. L'EMPIRE BIRMAN, borné par l'Indo-Chine anglaise, la Chine et le royaume de Siam, a 5 millions d'habitants.

16. Ses provinces sont celles d'Ava et de Laos-Birman, dont les villes principales sont : Mandalay, capitale ; Ava, avec Saïgaïn et Amarapoura.

17. Le ROYAUME DE SIAM borné par la Chine, l'empire Birman, l'Indo-Chine anglaise et française et l'empire d'Annam, a 8 millions d'habitants.

18. Il comprend le Siam, le Laos et plusieurs autres petits Etats. Ses villes principales sont : Bangkok, capitale ; Siam et Vien-Chang.

19. L'EMPIRE D'ANNAM, borné par le royaume de Siam, l'Indo-Chine française, la mer de la Chine et la Chine, a 6 millions et demi d'habitants.

20. Il se divise en Laos, Tonkin, capitale Kécho ; Cochinchine, capitale Hué et Tsiampa.

21. Le MALAKKA indépendant, entre le détroit de ce nom, le royaume de Siam et la mer de Chine, a 1,500,000 habitants.

22. Il contient, outre les possessions anglaises, les cinq royaumes : 1° de Pérak, ville principale Kalang ; 2° de Salangor, capitale Kolang ; 3° de Pahang ; 4° de Djohore ; 5° de Roumbo.

23. Le mahométisme, la religion de Confucius et le bouddhisme se partagent l'Indo-Chine, dont les princes gouvernent despotiquement. — Le climat est humide et chaud ; le sol est fertile. Les produits et les animaux sont à peu près ceux de l'Hindoustan.

§ I. ASIE. — NOTIONS GÉNÉRALES

1. POSITION. — LIMITES. — ETENDUE. — SUPERFICIE. — L'Asie, la plus grande des cinq parties du monde et la plus riche par ses productions, est comprise entre l'équateur et le 79e degré de latitude N. et entre le 23e degré de longitude E. et le 172e de longitude O.

Les *Limites* de l'Asie sont au N. l'Océan Glacial Arctique ; à l'O., le fleuve Kara, les monts Poyas ou monts Ourals, le fleuve Oural, la mer Caspienne, le Caucase, la mer Noire, le détroit de Constantinople, la mer de Marmara, le détroit des Dardanelles, l'Archipel, la Méditerranée, l'isthme de Suez et la mer Rouge ; au S., la mer des Indes, et à l'E. le Grand Océan, qui la sépare de l'Amérique.

L'*Etendue* de l'Asie est d'environ 10,600 kilomètres dans sa plus grande longueur, prise depuis l'extrémité septentrionale de la mer Rouge au S. O., jusqu'au détroit de Behring, au N. E., et 8,100 kilomètres dans sa plus grande largeur, depuis le cap Sévéro-Vostochnoï ou du N. O., jusqu'au cap Romania, à l'extrémité de la presqu'île de Malakka, au S. E. — Sa superficie, en y comprenant les îles qui en dépendent, dépasse 42 millions de kilomètres carrés ; mais elle renferme de vastes déserts, dont le plus remarquable est celui de *Gobi*, qui en occupe tout le centre.

2. CLIMAT ET PRODUCTIONS DE L'ASIE. — Les productions des diverses parties de l'Asie sont aussi variées que leur climat ; le grand plateau, qui occupe tout le centre, forme une plaine immense et fort élevée, où l'hiver est long et rigoureux, et où l'on trouve rarement quelques traces de végétation. Les régions comprises au N., entre ce plateau et l'Océan Glacial Arctique, sont exposées pendant l'hiver à des froids excessifs, et pendant l'été à des brouillards épais qui nuisent singulièrement à la végétation, qui y est toujours languissante. Celles qui sont situées à l'O. et à l'E. jouissent d'un climat doux et salubre qui favorise la culture des grains de toute espèce, de l'olivier, du cotonnier et des fruits les plus délicieux. Enfin, celles qui s'étendent vers le S. et le S. O. ne connaissent que deux saisons : des pluies continuelles, et quelquefois une sécheresse affreuse, d'avril en novembre, et un ciel doux et serein pendant le reste de l'année. C'est dans cette partie de l'Asie que la végétation déploie une magnificence surprenante : ainsi on y voit croître le café, le dattier et l'encens, en Arabie ; le cocotier, l'indigotier et la canne à sucre, dans les deux Indes ; le cannelier à Ceylan ; l'arbre à thé, dans la Chine, et une foule d'autres plantes précieuses.

3. POPULATION, RACES, LANGUES, RELIGION. — La population de l'Asie, qui est assez mal connue, et qu'on évalue approximativement à 715 millions d'habitants, appartient, pour trois dixièmes environ, aux rameaux *arménien*, *indien* et *scythe* de la race blanche, et, pour les sept autres dixièmes, aux rameaux *mantchou*, *sinique*, *hyperboréen* et *malais*, de la race jaune ; on trouve aussi quelques nègres dans les îles de la mer des Indes.

Les peuples de race blanche sont : les *Russes* et les *Cosaques* de la Sibérie, toutes les différentes tribus qui habitent le Turkestan, les *Turkomans*, les *Ouzbeks* et autres ; les *Turcs* et les habitants du *Caucase*, les *Arméniens*, les *Persans*, les *Arabes*, les *Afghans*, les *Béloutchys* et les *Hindous*, qui, malgré la couleur foncée de leur teint, présentent cependant les caractères de la race blanche. On trouve en outre des traces des peuples européens qui ont conquis les Indes, et qui s'y sont mélangés aux peuples du pays ; ce sont des *Anglais* et des *Portugais*.

La race jaune occupe toute la partie orientale de l'Asie. Elle a couvert l'immense empire chinois et donné naissance à toutes les peuplades qu'il renferme, *Mongols*, *Kalmouks*, *Mandchoux*, *Chinois*, *Tibétains*, *Coréens*, etc.; le *Japon* et une partie de la Sibérie orientale, occupée par les *Samoyèdes*, les *Ostiacks*, les *Toungouses*. Les peuples de l'Indo-Chine, *Birmans*, *Siamois* et *Cochinchinois*, appartiennent aux races blanche et jaune mélangées. On y trouve également quelques traces du rameau *malais*.

Les langues sont fort multipliées en Asie. Parmi les plus répandues, nous nous bornerons à citer : les langues *hindoue* et *persane*, qui appartiennent, ainsi que l'*arménien*, à la grande famille des langues *indo-germaniques* ; — le *géorgien*, le *circassien* et les autres langues de la famille *caucasienne* ; — l'*arabe* et le *syriaque* appartenant à la famille *araméenne* ; — le *turc*, le *turkoman*, le *boukhare*, le *mongol*, le *mandchou*, le *tibétain*, le *chinois*, l'*annamique*, le *siamois* et les autres langues *monosyllabiques* ; — *malais*, etc.

Berceau des principales religions qui dominent dans le monde, l'Asie voit sa nombreuse population partagée entre elles de la manière suivante :

Bouddhisme	au S. E. . .	193 millions.
Brahmanisme.	au S. . . .	90 —
Mahométisme.	au S. O. . .	75 —
Christianisme.	à l'O. surtout..	7 —
Religion de Confucius . . } Culte des Esprits. . . }	à la Chine. . {	345 —
Religion de Sinto. . . .	au Japon.. .	
Sectes diverses.		5 —
Juifs.		650,000
		715,650,000

4. Principaux États. — On peut diviser l'Asie en 19 États principaux, répartis en trois grandes régions.

L'Asie septentrionale et occidentale en comprend deux : la **Russie d'Asie** et la **Turquie d'Asie** (1).

_____

(1) Pour ces pays et pour les suivants, consulter, dans mon *Atlas historique et géographique à l'usage des Collèges*, les cartes de l'Asie, de la Turquie d'Asie et contrées voisines, et celle de l'Inde et Indo-Chine.

L'Asie centrale en comprend sept, savoir : 1° *Turkestan* ; 2° *Perse* ; 3° *royaume de Hérat* ; 4° *Afghanistan* ou Kaboul ; 5° *Béloutchistan* ; 6° *empire Chinois* ; 7° *Japon*.

L'Asie méridionale comprend 10 divisions : 1° *Arabie* ; 2° *Inde Anglaise* ; 3° *Hindoustan indépendant* ; 4° *Français* ; 5° *Portugais* ; 6° empire *Birman* ; 7° royaume de *Siam* ; 8° empire d'*Annam* ; 9° *Indo-Chine Française* ; 10° *Malakka* indépendant : les cinq derniers sont encore compris sous le nom général d'Indo-Chine. Nous décrirons ces États dans l'ordre indiqué par le programme d'enseignement.

§ II. EMPIRE CHINOIS.

5. GÉOGRAPHIE PHYSIQUE. — *Position.* — *L'empire Chinois* (*Tchong - Koue* ou empire du Milieu) (1), le plus vaste de l'Asie, et, après celui de Russie, de l'univers entier, embrasse, cette immense étendue de pays comprise entre les 18° et 52° degrés de latitude N. et entre les 67° et 125° degrés de longitude E.

Limites. — *Étendue.* — L'empire Chinois a pour limites la Sibérie, au N., dont il est séparé par les monts *Altaï* et le bassin de l'*Amour* ; le Turkestan ; les deux péninsules des Indes et la mer de la Chine, au S. ; la mer Orientale, la mer Jaune et la mer du Japon, à l'E. — Ces pays ont en longueur, de l'O. à l'E., environ 5,800 kilomètres, en largeur du N. O. au S., environ 3,400 kilomètres.

Mers. — *Îles.* — La Chine proprement dite appartient presque tout entière aux bassins des mers formées par le Grand Océan ; quant aux pays qui en dépendent, ils occupent tout le grand plateau central de l'Asie. — Les mers qui baignent les côtes de cet empire sont : la *mer du Japon,* qui communique par le détroit de *Corée,* au S. de la presqu'île de ce nom, avec la mer Orientale ou *mer Bleue.* — Cette dernière forme elle-même, plus au N. O., la *mer Jaune,* qui s'enfonce profondément dans le territoire de l'empire Chinois, où elle forme le golfe de *Pe-tchi-li.* La mer Bleue com-

---

(1) Comme dans nos autres cahiers, nous indiquons dans celui-ci, entre parenthèses, le nom que les habitants donnent à leur pays quand ce nom diffère de celui usité parmi nous.

munique au S. O., par le canal de *Formose*, qui prend le nom de la grande île qui le forme, avec la **mer de la Chine,** qui baigne l'île de *Haï-nan*.

***Fleuves*.** — Les principaux **fleuves** qui arrosent cet empire sont : au N. l'*Irtych*, qui, sorti du lac *Dzaïzang*, va se jeter dans l'*Obi ;* et la *Selinga*, qui va tomber dans le grand lac *Baïkal*, en Sibérie ; l'*Amour* ou *Sakhalian*, qui descend des pentes orientales du grand plateau central, mais dont le cours appartient aujourd'hui presque entièrement à la Russie ; — le *Peï-Ho*, qui tombe dans le golfe *Pe-tchi-li*, rendu célèbre par les victoires des armées anglo-françaises ; — le *Hoang-Ho* ou fleuve Jaune, et le *Yang-Tseu-Kiang* ou fleuve Bleu, qui sortent des pentes orientales du plateau central, traversent, de l'O. à l'E., la partie centrale de la Chine, et vont se perdre dans les mers Jaune et Bleue, après un cours de 5,700 kilom. pour le premier, et de 6,350 kilom. pour le second.

***Lacs*.** Sur le plateau central on remarque un grand nombre de lacs sans écoulement, qui reçoivent des cours d'eau assez importants, et dont le plus considérable est l'*Erghéougoul*, qui se perd dans le lac *Lop*. Il convient encore de citer les lacs *Balkachi* et *Témourlou*, situés sur le versant N. O. du grand plateau de l'Asie, le *Koukhou-noor* ou lac Bleu, plus au S. E. ; le *Tenggri-Noor*, au S., et, plus au S. encore, dans le Tibet, le lac rond de *Palté* ou *Yang-Brok*.

***Montagnes*.** On peut nommer, comme appartenant à la Chine dont elles forment les bornes, toutes les grandes chaînes de **montagnes** de l'Asie centrale et orientale, savoir : à l'O., l'*Hindou-Kho*, le *Bolour-Dagh* et le *Belout-Dagh* ; au N., le *Térek-Dagh* et l'*Altaï ;* au S., les monts *Kouen-lou*, dont se détachent les monts *Himalaya*, qui, sous le nom de *Kanti-ssé*, poussent quelques ramifications jusque dans l'intérieur de la Chine. La chaîne de l'Himalaya renferme les plus hautes montagnes connues : les sommets de l'*Everest* ou *Gaurisankar* (évalués à 8,840 mètres), du *Kanchinjinga* (évalués à 8,550 mètres), et du *Dawalagiri*, qui dépassent 8,000 mètres.

6. GÉOGRAPHIE POLITIQUE. — DIVISION. — L'empire Chinois, dans son immense étendue, se divise en **provinces immédiates** et **provinces tributaires**. Les premières sont : la **Chine propre** et la **Mandchourie ;** mais la plus grande partie de cette dernière province appartient aujourd'hui à la Russie. Les **provinces tri-**

butaires sont : la *Corée* et l'*archipel Liou-Tchou* dans le Grand Océan au N. E.; la *Mongolie* au N. O., la *Kalmoukie* à l'O., le *Grand* et le *Petit Tibet* avec le *Boutan* au S. O. — La Mandchourie, la Corée et la Mongolie sont séparées de la Chine propre par une grande muraille, longue de 200 kilomètres et haute souvent de 8 mètres, construite par les Chinois pour se préserver des incursions des peuples tartares et mongols du Nord.

7. CHINE ET MANDCHOURIE. — DIVISION. — POSITION. — VILLES PRINCIPALES. — La *Chine* propre occupe tout le pays compris entre le grand désert de Gobi, avec le reste du grand plateau central à l'O., et le littoral des mers formées par le Grand Océan à l'E., depuis la Corée au N. jusqu'aux limites du Tonkin et de l'empire d'Annam au S. Elle se divise en dix-huit provinces, dont six sont situées sur les côtes maritimes de l'empire et le reste dans l'intérieur. — Il faut y ajouter la *Mandchourie*, qui, bien que située au delà de la grande muraille, avait cessé d'être considérée comme province tributaire, et est devenue, au contraire, en quelque sorte, la province dominante, depuis que les Mandchoux ont fait, en 1641, la conquête de la Chine, que leurs souverains gouvernent ainsi depuis plus de deux siècles ; mais la plus grande partie de cette province a été dernièrement cédée par la Chine à la Russie ; enfin on y rattache les îles de *Formose* et de *Haï-nan*.

Les *provinces maritimes* sont :

1° Le *Tchili*, chef-lieu PE-KING ou PEKIN, capitale de tout l'empire, résidence ordinaire de l'empereur. Cette ville, composée de deux villes, l'une tartare et l'autre chinoise, a plus de 40 kilomètres de tour, et renferme plusieurs beaux ponts, les magnifiques temples du Ciel, de l'Agriculture et des Lamas, enfin le palais impérial qui forme une ville séparée au milieu de la capitale. La population, qui montait autrefois à 3 millions, est réduite à 1 million d'habitants. Elle a été prise d'assau par les Anglo-Français en 1860, et le magnifique palais d'été de l'empereur, situé aux environs, a été pillé et détruit. *Tien-Tsin*(1), dans la même province, à la jonction du grand canal avec le

(1) Les villes chinoises portent le nom du *fou* (département), *tcheou* (arrondissement), *hien* (canton) dont elles sont le chef-lieu. Ainsi Tchin-Ton-Fou, capitale de la province de Szu-Chouan, est le chef-lieu du fou ou département de Tchin-Ton ; — Sou-Tcheou, dans le Kian-sou, est chef-lieu du tcheou ou arrondissement de Sou, etc.

fleuve Peï-ho, entrepôt du commerce européen dans le Nord de la Chine, et les forts *Takou* à l'embouchure du Peï-ho sont devenus célèbres pendant la guerre de 1860. — 2° Le **Chang-Toung**, chef-lieu TSINAN, célèbre par ses soieries ; *Che-Fou*, port fréquenté par les Européens, à l'entrée du golfe Pe-tchi-li. — 3° Le **Kiang-Sou**, l'une des plus riches provinces de l'empire, chef-lieu NAN-KING ou NANKIN, sur la rive gauche du Yang-tseu-Kiang, au S. E. de Pékin, ancienne capitale de tout l'empire, dont elle est la ville savante ; elle était célèbre par ses beaux monuments et par sa fameuse tour à neuf étages revêtue de porcelaine ; mais elle a été dévastée par les rebelles, qui ravagent la Chine depuis quinze ans : on estime sa population à plus d'un million d'habitants. Le coton jaune avec lequel on fabrique le nankin croît dans ses environs. — *Shang-Haï* sur une rivière, qui confond ses embouchures avec celles du Yang-Tseu-Kiang, entrepôt du commerce européen (200,000 habitants). — *Sou-Tchéou*, au S. E. de Nankin, sur le *canal Impérial*, magnifique ouvrage de 1,100 kilomètres, qui traverse presque toute la Chine du N. au S., et qui rend une des plus florissantes de l'empire cette ville, dont on estime la population à plusieurs millions d'habitants. — 4° Le **Tche-Kiang**, chef-lieu HUNG-TCHEOU, au fond de la baie de son nom, grande ville (1 million d'habitants). — *Ning-Pô*, un des cinq ports ouverts au commerce européen, par le traité de 1842. La ville, bien bâtie, est peuplée d'environ 500,000 âmes ; elle est renommée pour ses meubles incrustés et sculptés, ses orfèvreries et ses broderies de soie. — 5° Le **Fokien** (peuplée d'environ 20 millions d'habitants) est une province riche en soie, en thé et fruits délicieux ; elle est réunie à la précédente sous le gouvernement d'un vice-roi qui réside au chef-lieu FOU-TCHEOU, grande ville sur la rivière Min, peuplée de 800 mille âmes. Cette ville faisait partie des cinq ports ouverts au commerce étranger par le traité de 1842, ainsi que celle de *Amoy*, située dans l'île de Hiamun, sur la côte de cette province, et peuplée d'environ 400,000 habitants. Le port de Amoy est excellent ; la population de cette contrée est très-civilisée et très-industrieuse. De cette vice-royauté dépend encore l'île de Formose. — 6° Le **Kouang-Toung**, la plus méridionale des provinces de la Chine, a pour chef-lieu KOUANG-TCHÉOU ou CANTON, l'une des villes les plus peuplées et les plus opulentes de l'empire, et pendant longtemps le seul port où les Européens fussent admis. Sa population, portée à 1,500,000 âmes, réside en partie sur un grand nombre de bateaux flottant sur le fleuve Si-Kiang ou Tigris. Elle a été prise par les Anglo-Français en 1858. — MACAO, beau port et établissement portugais, sur une presqu'île, au S. de Canton. C'est là, dit-on, que le Camoëns, fameux poëte portugais, composa son beau poëme des *Lusiades*, où il célèbre la découverte des Indes; en face se trouve l'établissement anglais de *Hong-Kong*; au N. E. *Sweatow*, port à l'embouchure de la rivière Han, fréquenté par le commerce étranger.

Les *provinces continentales* sont :

1° La *Mandchourie chinoise* au N. E., chef-lieu FOUG-THIEN ou *Moukden*, au N. E. de Pékin, ancienne résidence des souverains mandchoux, avant qu'ils eussent fait la conquête de la Chine. Résidence de l'empereur depuis la prise de Pékin. — 2° et 3° Le *Chan-si* et le *Chen-si* plus au S. O. Cette dernière province a pour chef-lieu la grande et belle ville de SI-AN. — 4° Le *Kan-Sou* au S. des précédentes. — 5° Le *Honan* à l'E., — et 6° le *Ngan-Hoët* plus à l'E. encore, chef-lieu HOEI-TCHEOU, célèbre par son encre. — 7° Le *Szu-Chouan*, au S. E., vaste et riche province, a pour chef-lieu TCHIN-TON-FOU sur le Yang-Tseu-Kiang. — 8° Le *Houpéh*, chef-lieu WOU-TCHANG, sur le Yang-Tseu-Kiang, grande ville séparée par le fleuve et et par la rivière *Han* des villes de HANKEOU et de HAN-YANG qui forment avec elle une agglomération de plus de 1,200,000 habitants. Ces villes, éloignées de près de 1,000 kilomètres de l'embouchure du fleuve, sont reliées à Shang-Haï par des services de vapeurs européens très-réguliers. — 9° Le *Koueï-Tcheou*, la province la plus arriérée de l'empire, est traversé par les monts Vaï-Ling, au sud desquels se trouve le *Miao-tsé*, dont les habitants ont conservé leur indépendance. Le chef-lieu est KOUEÏ-YANG. — 10° Le *Hou-nan*, à l'E. de la précédente, est la plus fertile et la plus agréable province de l'empire; son chef-lieu est TCHANG-TCHA-FOU sur une rivière qui se jette dans le lac *Thoung-Ting*. — 11° Le *Kiang-si* à l'E. du précédent. — 12° Le *Yunnan* au S. O., — et enfin, 13° le *Kuang-si* à l'E. du précédent.

Iles qui dépendent de la Chine. — Les principales îles qui dépendent de la Chine sont : — *Formose* (*Thaï-Ouan*), à l'E. de la Chine, dont elle est séparée par le canal de son nom, large de 150 kilomètres. Cette île doit à sa beauté et à sa fertilité le nom que lui donnent les Européens : capitale, THAÏ-OUAN, fort port et ville fort riche et fort peuplée, située au sud, dans la partie occidentale de l'île, la seule qui soit réellement soumise à la Chine. Elle est peuplée de 100,000 habitants. — On trouve, non loin, le port de *Takow*, fréquenté par les étrangers, et celui de *Tam-sin*. La partie orientale, habitée par des sauvages indépendants est à peine connue. — **Haï-nan**, au S. O. de la province de Canton, dont elle fait partie; elle est riche en mines d'or, en sel et en bois précieux, mais l'intérieur est occupé par des sauvages indépendants; capitale, KIOUNG-TCHÉOU, au N.

8. **PAYS TRIBUTAIRES DE LA CHINE.** — Les pays tributaires de la Chine sont :

1° La **Corée**, vaste presqu'île, située au S. de la Mandchourie, et à peu près égale à l'Italie en étendue. — Elle a pour capitale HANYANG-TCHING, nommée précédemment *King-Ki-Tao*, résidence d'un roi tributaire de la Chine.

2° La **Mongolie**, située au N. de la grande muraille, à l'O. de la Mandchourie, et le berceau du fameux Genghis-Khan, n'est habitée, en grande partie, que par des tribus nomades ; aussi ne renferme-t-elle pas de villes importantes. Elle peut cependant se diviser en Mongolie propre à l'E., et en pays des *Khalkhas*, où se trouve OURGA ou *Kouren*, résidence du pontife des Mongols. — Au S. se trouve *Karakoroum*, qui n'est qu'un village, mais qui a servi longtemps de résidence aux souverains. — Enfin, au N., *Maïmadchin*, sur la frontière de la Sibérie, est l'entrepôt du commerce de la Chine avec la Russie. — Entre la Mongolie et les provinces que nous allons décrire, s'étend le vaste désert pierreux et sablonneux de *Gobi*, qui a 2,200 kilomètres de long.

3° **Kalmoukie et pays voisins**. — Les parties occidentale et centrale de l'empire Chinois et du grand plateau central de l'Asie sont occupées par les contrées suivantes, savoir : La **Kalmoukie** ou *Thian-chan-pélou* (pays au N. des *monts Célestes*), qui comprend la **Dzoungarie** avec une portion des *Pays des Kirghiz*, au N. O. ; — la **Petite-Boukharie** ou *Thian-chan-nan-lou* (pays au S. des *monts Célestes*), au S. O. ; — le pays de *Torgots* avec celui des *Mongols* et *Eleust* de *Koukhou-noor*, au S. E. — Ces vastes contrées, dont la soumission à la Chine, qui ne date que de la seconde moitié du siècle dernier, est aujourd'hui fort mal assurée, au moins dans l'O., où la Russie étend chaque jour son influence et ses possessions, sont riches en mines d'argent. — Parmi les villes qu'elles renferment, on distingue : GOULDJA, capitale de la Dzoungarie, et l'un des entrepôts du commerce de l'Asie ; — YARKIANG, regardée comme la capitale de la Petite-Boukharie, dont le gouverneur militaire réside cependant à AC-SOU, située plus au N. E. — KACHGAR, au N. O. du même pays, ville très-commerçante.

4ᵉ Le **Tibet**, situé au S. O. de la Chine, est un pays fort peu connu, qui renferme les plus hautes montagnes connues du globe et la source de presque tous les grands fleuves de l'Asie. — C'est aussi le siége principal d'une religion qui domine sur toute l'Asie centrale, et dont le chef, nommé *Dalaï-Lama*, est en même temps le souverain légitime du pays, où les empereurs de la Chine ont cependant acquis une puissance absolue. — Ses villes principales sont : H'LASSA, capitale du Tibet, située vers le centre, dans un des plus beaux pays du monde, voisine de la montagne sacrée du *Marbouri*, sur laquelle se trouve le magnifique couvent de *Botala*, résidence d'été du Dalaï-Lama, qui, pendant les autres saisons, habite le temple superbe qu'il a à H'lassa. Population, 80,000 habitants. — JIKARNA-GOUNGAR, qui est, dit-on, la plus grande ville du Tibet. — JIKADZÉ, sur le Zang-bo-Tchou, autre grande ville, qui peut, comme la précédente, renfermer environ 100,000 habitants.

5° Le **Boutan**, situé au S. du Tibet dont il est séparé par l'Himalaya, est aussi sous la souveraineté du Dalaï-Lama ; mais il est gouverné par un prince nommé *Deb-radjah*, et a pour capitale TASSISUDON, au S. O. de H'lassa.

6° Les *îles tributaires* de la Chine sont : — L'archipel des îles **Liou-Tchou**, situées au S. du Japon ; elles forment deux groupes composés de 36 îles, dont la principale a 150 kilomètres de long sur 30 à 35 de large, et renferme au N. O. : — NAPAKIANG, port de la ville de KING-TCHING, qui est la résidence d'un souverain tributaire de la Chine, et dont la domination s'étend sur tout cet archipel. Les îles les plus méridionales portent le nom de *Madjiko-Simah*.

Outre ces îles, nous devons encore mentionner, parmi celles qui se rattachent naturellement à la Chine, celle de **Hong-Kong**, voisine de Canton, mais appartenant aux Anglais, qui se la sont fait céder en 1842, à l'issue de la guerre qu'ils ont faite à l'empire Chinois, et où ils ont élevé la ville de *Victoria*.

9. NOTIONS DIVERSES. — *Population. — Religions*. — L'empire Chinois est le plus grand État de l'Asie ; sa population, qui appartient à la race jaune, est portée, par des renseignements donnés comme officiels pour l'année 1866, mais qu'il est cependant bien difficile de ne pas croire exagérés, à 477 millions et demi d'âmes, dont 27 pour les pays tributaires. — Trois *religions* principales dominent à la Chine, savoir : 1° la religion de *Confucius* ou des lettrés, qui est aussi celle de l'État et des classes élevées ; elle n'admet qu'un seul Dieu, n'a point de ministres, ne consiste qu'en un petit nombre de cérémonies relatives surtout au culte des morts, et recommande la piété filiale et le respect pour la vieillesse ; — 2° la religion de *Tao-tsé*, ou culte de la raison primitive, regardé comme le plus ancien de la Chine, où il a été établi, 600 ans avant notre ère, par le philosophe *Lao-tseu*, mais devenu une espèce de polythéisme, connu, en conséquence, sous la dénomination de *culte des Esprits* ; — 3° enfin la religion de *Fô*, espèce de bouddhisme réformé, prêchée dans la Chine environ 200 ans avant J. C. Elle promet des récompenses et des peines dans une autre vie, et prescrit le respect du bien d'autrui et de la vérité, l'abstinence du vin et des plaisirs sensuels, etc. ; cette dernière est la plus suivie. — On trouve aussi en Chine un assez grand nombre de chrétiens, des juifs, des musulmans, etc.

Gouvernement. — Quoique l'autorité de l'empereur soit absolue, son pouvoir est néanmoins tempéré par le droit de représentation, dont jouissent certaines classes de magistrats, et par l'obligation de choisir dans la classe des lettrés ou *mandarins* les officiers chargés du gouvernement des provinces ; ce pouvoir, du reste, ne s'étend que sur la Chine propre ; car les autres pays compris dans l'empire Chinois obéissent à des rois ou à des *khans*, qui payent tribut ou reconnaissent la protection de la Chine. Tous les peuples du Nord sont quelquefois compris sous le nom de *Tartares*, et leur pays sous celui de *Tartarie chinoise*.

Climat, productions. — La Chine proprement dite, où l'agriculture est fort en honneur, renferme de vastes plaines qui produisent en abondance le blé, le riz et tous les autres grains ; on y voit croître, selon les différentes latitudes, le mûrier, l'oranger, le coton, le nankin, l'indigo, la canne à sucre, le thé, etc. La Corée est couverte en partie de montagnes riches en or et en argent ; les plaines de la Mongolie produisent la rhubarbe. Les hautes montagnes du Tibet nourrissent les chèvres dont le poil très-fin sert à fabriquer les précieux tissus de cachemire ; elles renferment aussi de riches mines d'or. Outre les produits de son sol et sa porcelaine, la Chine exporte encore du papier et une encre renommés.

§ III. JAPON.

10. GÉOGRAPHIE PHYSIQUE. — *Position, îles.* — L'empire du Japon (*Daï-Niphon*), séparé, à l'O., de la Chine par la mer qui porte son nom, et compris entre les 30° et 45° degrés de latitude N. et entre les 126° et 148° degrés de longitude E., embrasse un archipel composé des quatre grandes îles de ***Yeso, Niphon, Sikokf*** et ***Kiusiu,*** et d'un nombre assez considérable de petites. Il occupe ainsi, au N. E. de l'Asie, une position semblable à celle des îles Britanniques au N. O. de l'Europe.

Montagnes, fleuves. — Les îles du Japon sont hérissées de montagnes volcaniques, dont quelques-unes seulement lancent des flammes. Un grand nombre sont assez hautes pour rester couvertes de neiges éternelles ; celle de *Fousi-Hama*, volcan situé sur la côte méridionale de l'île de Niphon, passe pour la plus élevée. — De ces montagnes découlent une multitude de petits fleuves qui vont se perdre dans les mers qui entourent le Japon, mais dont aucun n'a un cours assez étendu pour que nous nous y arrêtions. Un seul lac, situé dans le S. de l'île de Niphon, celui d'*Oyz*, mérite d'être cité.

11. GÉOGRAPHIE POLITIQUE. — ÎLES ET VILLES PRINCIPALES. — L'île de ***Niphon***, la plus grande du Japon, est fort sujette aux ouragans, qui la dévastèrent à la fin de 1800, et renferme les deux villes principales de l'empire, savoir : — YEDO, au fond d'une baie, à l'E. Cette grande ville, à laquelle on donne plus de deux millions d'habitants, renferme le palais du *Taïcoun* ou roi, qui formerait à lui seul une ville considérable, puisqu'il a, dit-on, 22 kilomètres de tour. Le faubourg de *Kanawaga* forme un port ouvert au commerce étranger.— MIACO, au S. O. d'Yédo, résidence du *Mikado,* empereur et chef de la religion, qui y vit entouré des prêtres et des lettrés. C'est aussi le centre de l'industrie et du commerce ; sa population est évaluée à 900,000 habitants. — Au S. O. de cette ville se trouve celle d'*Oasaka*, le port de Miaco et l'une des plus florissantes de l'empire (150,000 hab.). — Le port de *Simoda*, au S. E. du précédent, est maintenant ouvert aux étrangers.

Les autres îles importantes du Japon sont ; —celle de ***Kiusiu*** ou *Zimo*, au S. O. de Niphon, dans laquelle se trouvent le port de NAGASAKI, le seul du Japon dans lequel il fût longtemps permis aux étrangers de jeter l'ancre pour faire le commerce (60,000 h.), et la ville de SANGA, célèbre par sa porcelaine presque transparente. — L'île de *Sikokf* ou *Xicoco*, à l'E. du détroit qui sépare les îles de Niphon et de Kiusiu. Cette île, qui est très-peu connue, formait autrefois un royaume. AWA en est la ville la plus importante. — L'île de *Yesso*, au S. de laquelle se trouve une forteresse nommée *Matsmaï* (50,000 h.). Non loin de cette ville est le port de KADODADE ou HAKODADE, le troisième de ceux qui sont ouverts depuis peu au commerce étranger.— Au N. E. de l'île de *Yesso*, commence l'archipel des *Kouriles*, dont toute la partie méridionale, qui se compose des *Grandes Kouriles*, est réclamée par le Japon ; le canal de *la Boussole* les sépare, au N., des Kouriles Russes.

12. NOTIONS DIVERSES. — *Population*. — *Gouvernement*. — La *population* du Japon est évaluée à 52 millions d'habitants, qui paraissent appartenir à la même race que les Chinois. On y trouve cependant quelques traces de la race blanche. Le *gouvernement* de l'empire appartenait autrefois exclusivement au Daïri-Lama ou Mikado, regardé comme le descendant des anciennes divinités du pays, et encore aujourd'hui révéré presque comme un dieu, surtout par les partisans de la religion de Sinto, dont il est le chef visible. Vers le milieu du douzième siècle, le *Taïcoun*, qui n'avait été jusqu'alors que le commandant de la force militaire, s'empara d'une partie de l'autorité, et depuis 1583 il l'avait considérablement accrue, sans cesser cependant de montrer la plus haute vénération pour la personne sacrée de l'empereur, dont il se dit le premier sujet; mais, depuis les dernières années, ce pouvoir tend à diminuer, combattu qu'il est par les résistances des *daïmios* ou princes féodaux de plusieurs provinces.

Religions. — Les habitants des îles du Japon sont partagés entre deux religions qui dominent dans ce pays : 1° la religion de *Sinto* qui est la religion primitive de l'empire, auquel elle est particulière, et qui a pour base le culte des génies ; 2° le *bouddhisme*, qui a été apporté au Japon vers le milieu du sixième siècle, et qui est aujourd'hui la religion la plus répandue. On y trouve aussi quelques sectateurs de Confucius.

Climat et productions. — L'archipel du Japon est fréquemment bouleversé par des tremblements de terre et d'affreux ouragans. La température y est très-variable : les hivers froids, les étés brûlants et les orages très-fréquents. Le sol recèle, dit-on, de riches mines d'or, d'argent, de cuivre et de pierres précieuses ; mais il est peu fertile, et n'est rendu productif que par le travail assidu des habitants, qui paraissent être le plus intelligent et le plus industrieux des peuples de l'Asie. Ils fournissent au commerce des étoffes de soie et de coton, de la porcelaine fort renommée, du thé, du papier, et particulièrement du cuivre, de l'or et de l'argent.

§ IV. INDO-CHINE (1).

15. Géographie physique. — *Position, Limites*. — L'Indo-Chine, nommée aussi *Inde au delà du Gange* et *presqu'île orientale de l'Inde*, est comprise entre l'équateur et le 27e degré de latitude N. et entre les 90e et 107e degrés de latitude E. — Elle est bornée au N. par la Chine et le Tibet ; à l'O. par l'Hindoustan et le golfe du Bengale ; au S. par ce même golfe et le détroit de Malakka et à l'E. par les golfes de Siam et de Tonkin.

***Mers*.** — L'Indo-Chine est baignée à l'O. par la mer de la Chine, qui forme les golfes de *Tonkin* et de *Siam*, et à l'E. par la mer des Indes et le golfe du Bengale, qui forment le golfe de *Martaban*. La *presqu'île de Malakka*, longue de 900 kilom., sur 130 à 180 de large, forme la partie la plus méridionale de l'Indo-Chine, à laquelle elle est unie par l'isthme de *Krâ*. Cette presqu'île, séparée de l'île de Sumatra par le *détroit de Malakka*, est terminée au S. par les caps *Romania* et *Bourou*.

***Fleuves*. — *Montagnes*.** — L'Indo-Chine est traversée par plusieurs grands fleuves, savoir : le *Mé-Kong* ou *Kambodge*, sorti du versant S. E. du grand plateau central de l'Asie ; il traverse l'empire d'Annam du N. O. au S. E. et tombe dans la mer de la Chine après un cours évalué à 4,400 kilomètres. Le *Meïnam*, plus à l'O., va se jeter dans le golfe de Siam, après avoir traversé du N. au S. le royaume du même nom. La mer des Indes reçoit : le *Loukiang* ou *Salouen* et l'*Iraouaddy*, formé de deux branches distinguées par les noms d'*Occidentale* et *Orientale*, qui se réunissent et coulent pendant assez longtemps dans le même lit, puis se partagent de nouveau en un grand nombre de bras qui vont se perdre dans

---

(1) Consulter dans mon atlas la carte de l'INDE et INDO-CHINE.

le golfe de Martaban, après avoir traversé le royaume de Siam et l'empire Birman. Ces deux fleuves sortent des mêmes pentes que les précédents. — Le *Brahmapoutre*, sorti des plus hautes montagnes de l'Himalaya, traverse l'Indo-Chine anglaise et va se jeter dans le golfe du Bengale.

Les bassins de ces fleuves, qui commencent dans les hautes vallées de la grande chaîne de l'*Himalaya*, sont séparés entre eux par d'autres chaînes de montagnes très-peu connues qui courent, comme ces fleuves eux-mêmes, du N. au S. — On peut en signaler trois principales : 1° les monts de la Cochinchine ou monts *Kimois* à l'E. ; les monts de *Siam*, au centre; et les monts *Birmans*, les moins considérables des trois chaînes à l'O.

Iles. — Parmi les îles qui dépendent de l'Indo-Chine, nous citerons : — L'archipel de *Merghi*, composé d'îles répandues sur les côtes occidentales de la péninsule. — Les îles d'*Andaman* et de *Nicobar*, qui forment dans le S. E. du golfe du Bengale une chaîne qui se prolonge du N. au S. ; les Européens ont tenté, à diverses reprises, de fonder dans ces îles des établissements que l'insalubrité du climat les a toujours forcés d'abandonner. Les Danois, qui prétendaient à la propriété de celles de Nicobar, les ont cédées à l'Angleterre en 1845. — Celles de *Kondor*, au nombre de dix, à l'embouchure du *Mé-Kong*, et dont la principale, nommée *Poulo-Condor*, est un lieu de relâche pour les vaisseaux qui se rendent en Chine, appartiennent à la France. L'archipel des *Paracels*, à l'E. de la Cochinchine.

14. GÉOGRAPHIE POLITIQUE. — DIVISIONS. — L'Indo-Chine comprend, ainsi que nous l'avons dit (n° 4), plusieurs des principaux Etats ou divisions de l'Asie, qui sont : 1° l'***empire Birman***; 2° le royaume de ***Siam*** au centre ; 3° l'empire ***d'Annam***, à l'E. ; 4° L'***Indo-Chine Française*** au S. des précédents, et 5° le ***Malakka indépendant***, dans la péninsule de ce nom. Enfin une grande partie du N. O. de cette vaste contrée appartient l'Angleterre. Elle sera étudiée avec les possessions anglaises des Indes au chapitre V, sous le nom d'Indo-Chine anglaise.

EMPIRE BIRMAN.

15. POSITION. — LIMITES. — POPULATION. — L'empire Birman, situé à l'E. de l'Indo-Chine Anglaise, qui s'est formée en grande partie à ses dépens, est borné par les possessions britanniques à l'O., au S. par ces mêmes possessions et le royaume de Siam, qui, ainsi que l'empire Chinois, le borne à l'E.; ce dernier achève sa limite au Nord. Il ne conserve plus aujourd'hui qu'une population évaluée à 5 millions environ d'habitants, en partie sujets, en partie tributaires.

16. PROVINCES. — VILLES PRINCIPALES. — Les provinces de l'empire, dont plusieurs ont porté le titre de royaume, sont : — celles de *Birman* ou d'*Ava*, au N. O.; — du *Laos Birman* (1), à l'E. Les principales villes sont : — au centre, MANDALAY, capitale, sur l'Iraouaddy; AVA, à l'O., sur l'Iraouaddy; SAÏGAÏN ou *Zikkaïn*, placée en face d'Ava, sur la rive opposée de l'Iraouaddy, ne forme, avec elle, qu'une seule cité, dont on évalue la population à plus de 300,000 habitants; AMARAPOURA, située à 20 kilom. au N. E. (30,000 habitants).

§ V. — ROYAUME DE SIAM.

17. POSITION. — LIMITES. — POPULATION. — Le royaume de Siam (*Thaï*), situé au centre de la péninsule de l'Indo-Chine, est borné au N. par la Chine et l'empire Birman, à l'O. par l'Indo-Chine anglaise et la mer des Indes; au S. par le golfe de Siam, le Malakka indépendant et l'Indo-Chine française, et à l'E. par l'empire d'Annam. Il renferme une population de 8 millions et demi d'habitants.

18. DIVISION. — VILLES PRINCIPALES. — Le royaume de Siam comprend, outre le *royaume de Siam*, une partie du *Laos* et du *Cambodge*, et les royaume de *Kedah*, *Ligor*, *Bondelon*, *Patani*, *Kelentan* et *Tringano*, dans la péninsule de Malakka. — Ses villes principales sont : — SIAM ou *Siouthaja* (80,000 hab.), dans une île formée par le Meïnam, autrefois la capitale du royaume, mais qui a cédé ce titre à BANGKOK, port de mer très-commerçant, avec d'importants chantiers de constructions, près de l'embouchure du même fleuve; on évalue sa population à plus de 300,000 hab. — *Vieng-Chang* sur le

(1) Le *Laos* n'est point un royaume, mais un pays contenant huit ou dix petits États, dont plusieurs dépendent des Birmans, cinq du royaume de Siam, et le reste de l'empire d'Annam.

Me-Kong, ville la plus importante du Laos siamois. — Les royaumes de la presqu'île de Malakka portent le nom de leurs capitales ; celui de *Patani* est le plus grand, le plus fertile et le plus peuplé.

§ VI. — EMPIRE D'ANNAM.

19. POSITION. — LIMITES. — POPULATION. — L'empire d'Annam, en donnant à ce nom son acception la plus étendue, est situé à l'E. de la péninsule de l'Indo-Chine ; il est borné au N. par la Chine, à l'E. par le golfe de Tonkin et la mer de Chine, qui lui sert aussi de limite, au S. par l'Indo-Chine française, enfin à l'O. par le royaume de Siam. — Sa population, depuis les conquêtes que les Français ont faites à ses dépens, est d'environ 6 millions et demi d'habitants.

20. DIVISIONS. — VILLES PRINCIPALES. — L'empire d'Annam, qui a perdu ses riches possessions du Sud conquises par la France, se divise en plusieurs royaumes ou provinces, savoir : la partie orientale du *Laos*, au N. O., pays montagneux et peu connu. — Le *Tonkin* ou *Annam Septentrional*, autour du golfe du même nom ; capitale BACKIN ou *Kécho* sur le Song-Coï, grande ville, qui ne renferme que 40,000 habitants. — La *Cochinchine* ou *Annam Méridional*, le long de la côte orientale au S. du Tonkin ; contrée extrêmement riche et fertile, dont l'ancienne capitale, KE-HOA, est maintenant remplacée par HUÉ, nommé aussi *Fhoutchouan*, près de la côte ; ville considérable, munie de bonnes fortifications construites par des ingénieurs français, d'arsenaux et de chantiers de constructions. C'est la capitale de tout l'empire et la résidence du souverain (100,000 hab.). — *Tourane*, au S. E., port sur la baie de son nom, a été occupée, pendant plusieurs années, par les Français et les Espagnols. — Le *Binhouan*, au S. O. sur la côte, occupé en grande partie par des peuplades belliqueuses et indépendantes.

§ VII. — INDO-CHINE FRANÇAISE.

Ce pays est décrit au chap. v, avec les autres possessions françaises en Asie.

§ VIII. — MALAKKA INDÉPENDANT.

21. POSITION. — LIMITES. — POPULATION. — La presqu'île de Malakka, située entre le détroit de son nom, le golfe de Siam et la mer de Chine, est presque entièrement couverte à l'intérieur de forêts impénétrables ; aussi la plupart des Etats qu'elle renferme sont-ils répandus le long des côtes. La partie méridionale seule est indépendante ; le Malakka indépendant est donc borné au N. par le royaume de Siam et par la mer de toutes les autres côtes. On évalue sa population à un million et demi d'habitants.

22. PRINCIPAUX ETATS.—VILLES REMARQUABLES.— Outre les possessions anglaises, que nous décrivons n° 60, on y trouve les cinq Etats suivants, savoir :—sur la côte occidentale: —Le royaume de *Pérak,* riche en étain, et qui, outre une capitale du même nom, a une autre ville remarquable nommée *Kalang,* résidence ordinaire du sultan.—Le royaume de *Salangor,* aujourd'hui le plus puissant de la presqu'île. La ville dont il porte le nom a cédé le titre de capitale à KOLANG, situé plus au S. O. — Sur la côte orientale : — Le royaume de *Pahang,* assez fertile et peuplé ; capitale PAHANG, port sur la mer de la Chine. — A l'extrémité méridionale de la péninsule : — Le royaume de *Djohore,* dont la capitale, qui porte le même nom, n'est qu'un pauvre village habité par des pêcheurs. — Dans l'intérieur : — Le royaume de *Roumbo,* peu étendu, mais bien cultivé ; capitale ROUMBO.

25. NOTIONS DIVERSES SUR L'INDO-CHINE. — *Religions.—Gouvernements.*—La majorité des habitants de l'Indo-Chine professe le bouddhisme ; cependant l'Annam , qui paraît avoir été peuplé en partie par des colonies chinoises, renferme un assez grand nombre de sectateurs de Confucius. Le brahmanisme domine dans l'Assam, et le mahométisme dans l'Arakan et dans la presqu'île de Malakka, dont les habitants appartiennent à une race qui paraît avoir peuplé la plus grande partie de l'Océanie, et dont la langue est fort répandue dans les Indes. — Les Birmans, le royaume de Siam, l'Annam et le Malakka indépendant obéissent à des souverains absolus.

***Climat. — Productions.* —** L'Indo-Chine jouit généralement d'un climat humide et chaud. Le sol y est fertile en riz, sucre, café, thé, coton, indigo et épices, et renferme des mines d'or, d'argent, d'étain, de rubis, de saphirs et de marbres. Les animaux sont à peu près les mêmes que dans l'Hindoustan.

QUESTIONNAIRE. — § Ier. 1. Quelles sont les limites de l'Asie ? — Quelle est son étendue ? — 2. Quels sont les climats et les produits de l'Asie ? — 3. Quelle est sa population ? — A quelles races appartien-

nent les peuples de l'Asie ? — Quelles sont les principales langues par-
lées en Asie ? — Quelles religions y sont pratiquées ? — 4. En combien
d'Etats principaux peut-on diviser l'Asie ?—§ II. 5. Quelles sont les bornes
de l'empire Chinois ? — Quels sont les pays qui dépendent de cet empire ? — Quelles sont les mers qui baignent l'empire Chinois ? — Quels
fleuves et quels lacs y remarque-t-on ? — Quelles sont les principales
chaînes de montagnes ? — 6. Comment se divise l'empire Chinois ? —
7. Comment se divise la Chine propre ? — Quelles sont ses villes principales ? — 8. Faites connaître les pays tributaires de la Chine ? — Quelles sont leurs principales villes ? — Quelles sont les îles tributaires ? —
Quelle est la population de l'empire ? A quelle race appartient-elle?
— Quel est le gouvernement ? — 9. Quels sont le climat et les productions ? — § III. 10. Où est situé le Japon ? — Combien d'îles compte-
t-il ? — Quelle montagne et quel lac y remarque-t-on ? — 11. Faites
connaître les capitales et les villes les plus remarquables des différentes
îles du Japon ? — 12. Quelle est la population du Japon ? — Quels sont
le gouvernement, les religions et les produits de ce pays ? — § IV. 13.
Quelles sont les bornes de l'Indo-Chine ? — Quelles sont les mers qui
baignent ce pays et quels golfes forment-elles ? — Quelle presqu'île s'y
rattache ? — Quels sont les fleuves et les montagnes de l'Indo-Chine ?
— Quelles îles en dépendent ? — 14. Comment divise-t-on cette contrée?
— 15. Où est situé l'empire Birman ? — Quelle est sa population ? —
16. Quelles sont ses divisions et ses villes principales ? — 17. Quelles
sont la position et la population du royaume de Siam? — 18. Quelles
sont les divisions et les villes principales ? — 19. Quelles sont la position et la population de l'empire d'Annam ? — 20. Quelles en sont les
divisions et les villes principales ? — 21. Où est situé le Malakka indépendant ? — 22. Quelles sont les divisions et la population du Malakka indépendant ? — Faites-en connaître les villes principales ? —
23. Quelles sont la population et les religions de l'Indo-Chine ? —
Quels sont le climat et les productions de ce pays ?

CHAPITRE DEUXIÈME

PERSE, KABOUL OU AFGHANISTAN, HÉRAT, TURKESTAN.

—

SOMMAIRE.

§ Ier. 24. La PERSE est bornée au N. par la mer Caspienne et la Russie du Caucase ; à l'O. par la Turquie d'Asie et le golfe Persique,
qui la borne au S. ; et à l'E. par le Béloutchistan et l'Afghanistan.
Elle se divise en un plateau sablonneux au centre, les deux bassins
de la Caspienne au N. et le golfe Persique au S. La mer Caspienne
reçoit l'Aras et l'Atreck ; le golfe Persique reçoit le Kherkhah et le
Karoun, affluents du Chot-el-Arab. Sur le plateau central, le lac Back-
tegan reçoit le Bend-Emir. Le lac Ourmiah, au N. O., ne reçoit que
des rivières. — Les montagnes sont : les monts du Khorassan et
Elbours au N., les monts Elvend et Backtyaris à l'O.

25. La Perse se divise en onze provinces : — quatre au N. : 1° Ader-
baïdjan, capitale Tauris ; 2° Ghilan, cap. Recht ; 3° Mazandéran,
cap. Balfrouch ; 4° Khorassan, cap. Mesched ; — quatre au centre :
1° Kourdistan, cap. Kermanchah ; 2° Khouzistan, cap. Chouster ;
3° Irak-Adjemi, cap. Téhéran, qui l'est de toute la monarchie ; villes remarq. : Ispahan, Hamadan et Cazbin ; 4° Khouhestan, villes
remarq. : Tebbes et Cheberestan ; — trois au S. : 1° Farsistan,
cap. Chiraz ; 2° Laristan, cap. Lar ; 3° Kerman, cap. Kerman ou
Sirdjan.

26. La population, en partie nomade, monte à **11** millions et demi
d'individus mahométans schiites, gouvernés despotiquement par un
souverain nommé Shah. — Les climats y sont variés par les montagnes ; les vallées sont riches et fertiles en grains et en fruits.

§ II. 27. L'AFGHANISTAN est borné par le Turkestan et le Hérat au N.,
la Perse à l'O., le Béloutchistan au S. et l'Hindoustan à l'E. Il est
arrosé par l'Helmend et la Lora, qui se jettent dans le lac Zerrah.
Les monts Hindoukouch le bornent au N.

28. Il se divise en deux provinces, celle de Kaboul au N., ville principale Kaboul, capitale de tout l'Etat, et celle de Kandahar au S.,
avec une capitale du même nom.

29. La population est de 3 millions et demi d'habitants, mahométans
et bouddhistes. Le gouvernement est une royauté féodale, sous un
Padi-schah. — Le climat et les productions sont ceux de la Perse.

30. Le royaume de HÉRAT est borné par l'Afghanistan à l'E. et au S.,
par la Perse à l'O., et par le Turkestan au N.

31. La capitale est Hérat ; la population est de 1 million et demi de
mahométans gouvernés par un sultan.

§ III. 32. Le TURKESTAN est borné au N. par la Sibérie ; à l'O. par la
mer Caspienne ; au S. par la Perse et l'Afghanistan, et à l'E. par
l'empire Chinois. Il est baigné par la mer Caspienne et le lac d'A-
ral, qui reçoit l'Amou-Déria et le Syr-Déria. Les monts Bolour et
Térek le bornent à l'E. — Il a 3,515,000 kilom. carrés d'étendue.

33. Il se divise en cinq parties : le pays des Kirghiz, la Turkomanie,
le Kharism, le Turkestan propre et la Grande Boukharie ; il est
soumis presque entièrement à la Russie. Les villes principales sont :
Khiva, Khokand, Boukhara, Samarkand et Balk.

34. Il renferme environ 9 millions d'habitants, mahométans, appartenant aux peuples suivants : les Kirghiz, en partie réunis à la Russie ; les Turkomans, les Ouzbecks et les Boukhares. — Le sol est
pauvre, mais il élève de bons chevaux. Les montagnes renferment des mines de métaux précieux.

§ I. PERSE.

24. GÉOGRAPHIE PHYSIQUE. — *Position.* — *Limites.* — La Perse ou *Iran*, aujourd'hui bien déchue de
ce qu'elle était autrefois, est comprise entre les 26° et 40°
degrés de latitude N. et entre les 42° et 59° degrés de longitude E. Elle est bornée au N. par la mer Caspienne et la

Russie du Caucase ; à l'O par la Turquie d'Asie et le golfe Persique, qui, avec le détroit d'Ormuz, la borne aussi au S.; et à l'E. par le Belouchistan et l'Afghanistan.

Division. La Perse se divise naturellement en trois parties. La partie centrale de ce pays forme la suite du grand plateau de l'Asie, et en offre les caractères généraux. C'est une vaste contrée sablonneuse dont le N. E. forme le *grand désert salé*, tandis que le reste est traversé par quelques rares cours d'eau qui fertilisent de riches vallées, puis vont se perdre dans les sables ou dans des lacs saumâtres sans écoulement. Le N. et le S. forment deux versants assez étroits, inclinés le premier vers la mer Caspienne, la second vers le golfe Persique.

Mers. — Rivières. — Les deux mers qui baignent les rivages de la Perse, le *golfe Persique*, au S., et la *mer Caspienne*, au N., ne reçoivent que des fleuves de peu d'importance, à cause du peu d'éloignement des chaînes de montagnes d'où ils sortent, et parmi lesquels nous nommerons l'*Aras*, au N. O., et l'*Atrech*, au N. E., qui tombent dans la mer Caspienne; et au S. O. le *Kherkhah* et le *Karoun*, affluents du *Chot-el-Arab* qui se déverse dans le golfe Persique. — Sur le grand plateau central on ne trouve que peu de rivières importantes ; le *Bend-Emir* se perd dans le lac *Bakthéghan*, et le lac *Ourmiah* au N. O., vaste étendue d'eau très-saumâtre, ne reçoit que de faibles rivières.

Montagnes. Le plateau de la Perse est entouré de montagnes qui sont, au N., les monts du *Khorassan* et *Elbours*, dans lesquels se trouve le *Demavend*, et à l'O. les monts *Elvend* et *Backtyaris*.

25. Géographie politique — *Divisions et villes principales*. — La Perse est divisée en onze provinces, dont quatre au nord, quatre au centre et trois au midi, savoir : — Les provinces du nord sont : 1° l'*Adzerbaïjan* ou Pays du Feu, province limitrophe de la Transcaucasie et de la Turquie d'Asie : capitale TAURIS, sur un affluent du lac Ourmiah, ancienne résidence des rois; ville considérable et très-commerçante (140,000 hab.); — 2° le *Ghilan*, à l'E. de la province précédente, sur la côte S. O de la mer Caspienne, capitale RECHT, au S. E. de Tauris, près de la mer Caspienne, importante par son commerce de soie; — 3° le *Mazendéran*, au S. et à l'E. de la mer Caspienne : capitale BALFROUCH, au S. E. de Recht, ville grande et commerçante (100,000 hab.); 4° le *Khorassan*, à l'E. des précédentes, touche au Turkestan et au royaume de Hérat;

capitale MESCHED, célèbre par le mausolée d'Haroun-al-Raschid.

Les quatre provinces au centre sont : 1° le *Kourdistan*, près des frontières turques : capitale KERMANCHAH, ville forte ; — 2° le *Kouzistan*, au S. E. de la précédente, également sur les limites de la Turquie : capitale CHOUSTER, sur le Karoun ; — 3° l'*Irak-Adjémi* ou Perse propre, la province le plus centrale du royaume : capitale TÉHÉRAN, au N., nouvelle capitale de la Perse, résidence du souverain en hiver, saison pendant laquelle elle renferme jusqu'à 140,000 habitants ; — ISPAHAN, au S. E. de Téhéran, autrefois capitale de toute la Perse, dont elle est encore une des villes les plus importantes (400,000 hab.) ; — HAMADAN (ancienne Ecbatane), au N. O. d'Ispahan, l'une des plus agréables de la Perse ; — CASBIN, au N. O. de Téhéran, une des villes les plus grandes et les plus commerçantes de la Perse, surtout en soie, soieries, tapis et armes blanches ; — 4° le *Kouhestan*, province peu connue sur les frontières de l'Afghanistan ; TEBBES et CHEHERISTAN en sont les villes principales.

Les trois provinces au S., sur les bords du golfe Persique, sont : — le *Farsistan*, capitale CHIRAZ, au S. E. d'Ispahan, dans une vallée délicieuse : elle est célèbre par son vin et par la naissance des meilleurs poëtes de l'Asie. Au N. O. se trouvent les ruines de *Persépolis*. — YEZD, au N. E. de Chiraz, renommée pour ses soieries, est l'entrepôt du commerce entre la Perse et la Boukharie ; il se trouve dans ses environs beaucoup de *Guèbres* ou adorateurs du feu. — BENDER-BOUCHIR, port sur le golfe Persique, a été occupé en 1856 par les Anglais. — 2° Le *Laristan*, capitale LAR, autrefois florissante et capitale d'un royaume arabe. — 3° La province de *Kerman*, du nom de sa capitale, nommée aussi SIRDJAN, entrepôt du commerce du S. E. du royaume ; sa vaste enceinte est en partie couverte de ruines. — Le port de BENDER-ABASSI, au S. de Kerman, sur le détroit d'Ormuz, et vis-à-vis la grande île de *Keischme* ou *Kismich*, appartient, ainsi que l'île, au sultan ou iman de Maskate (v. n° 45).

26. NOTIONS DIVERSES. — *Population*. — *Religion*. — *Gouvernement*. — La population de la Perse se compose en grande partie de tribus qui vivent à l'état nomade sous le gouvernement de leurs khans ; on évalue l'ensemble à 11 millions et demi d'individus, qui sont mahométans chiites, c'est-à-dire de la secte d'Ali. — Le pouvoir suprême est exercé d'une manière absolue par un prince qui porte le titre de *Shah*, et dont la puissance a bien diminué depuis le siècle dernier, par suite des révoltes de ses sujets ou des empiétements de ses voisins.

Les montagnes qui sillonnent la Perse la font jouir d'une grande variété de climats, et les riches vallées arrosées produisent des grains, du coton, de l'indigo et du sucre, et de plus une grande quantité de fruits délicieux, tels que la figue, la pêche, l'abricot, la prune et l'amande, qui sont originaires de ce pays.

§ II. KABOUL OU AFGHANISTAN.

27. GÉOGRAPHIE PHYSIQUE. — *Position*. — *Limites*. — La contrée désignée sous le nom de *Kaboul* ou d'*Afghanistan*, qu'elle doit aux *Afghans*, le plus nombreux des peuples qui l'habitent, est comprise entre les 27e et 37e degrés de latitude N., et entre les 57e et 69e degrés de longitude E. — Elle a pour limites le Turkestan et le royaume de Hérat au N., la Perse à l'O., le Béloutchistan au S. et l'Hindoustan à l'E.

Rivières. — Montagnes. — L'Afghanistan montre beaucoup d'analogie physique avec la Perse, dont il offre les grandes plaines sablonneuses et les riches vallées. Il est arrosé par l'*Helmend* et la *Lora* au centre, qui se jettent dans le grand lac *Hamoun* ou *Zerrah*. La partie la plus orientale au delà des monts *Brahouïks* appartient au bassin de l'Indus. L'Afghanistan est séparé de la grande Boukharie au N. par les monts *Hindou-Kouch* ou Caucase indien; dans une de ses branches se trouve le défilé de *Kaïber*, où une armée anglaise fut massacrée en 1841.

28. DIVISION ET VILLES PRINCIPALES. — On peut diviser l'Afghanistan en deux parties : le royaume de Kaboul au N. et celui de Kandahar au S. — Les principales villes sont : KABOUL, capitale de tout le royaume, entrepôt de commerce entre la Perse, la Boukharie et l'Hindoustan (60,000 hab.). — *Bamian*, au N. O. des montagnes, est célèbre par ses antiquités. — KANDAHAR (ancienne Alexandrie du Paropamise), au S. O. de Kaboul, florissante par son commerce, l'ancienne capitale du royaume dont elle est encore la ville la plus importante (100,000 habitants).

29. NOTIONS DIVERSES. — *Population. — Religion. — Gouvernement.* — On évalue la population de l'Afghanistan à 3 millions et demi d'habitants professant la religion musulmane et le brâhmanisme. Le gouvernement est une sorte de monarchie féodale sous un *Padischah* ou sultan dont les grands respectent peu la puissance ; aussi cet Etat n'est-il plus qu'un débris du royaume afghan, qui fut fondé, au siècle dernier, par le célèbre Ahmed-Schah, et qui n'a jeté qu'un éclat éphémère.

Le climat et les productions sont ceux de la Perse; quelques vallées d'une admirable fertilité donnent trois récoltes par an.

§ III. HÉRAT.

30. GÉOGRAPHIE PHYSIQUE. — *Position. — Limites.* — Le petit royaume de Hérat est formé d'un démembrement de l'Afghanistan au N. O. duquel il est situé entre le Turkestan au N. et la Perse à l'O., entre les 59ᵉ et 65ᵉ degrés de longitude E. — Il est traversé par les monts du Khorassan, qui envoient leurs eaux vers la mer d'*Aral* et la mer *Caspienne*.

31. CAPITALE. — NOTIONS DIVERSES. — La capitale du royaume est HÉRAT (ancienne Alexandrie de l'Asie) dans une plaine extrêmement fertile. Cette ville, où règne un descendant du fondateur de la monarchie afghane, est l'entrepôt d'un grand commerce entre l'Asie et la Perse, près des frontières de laquelle elle est située (50,000 habitants). Prise par les Persans, en 1856, elle a été rendue depuis.

La population est d'environ 1 million et demi d'individus, en grande partie mahométans, gouvernés par un sultan. — Le climat et les productions sont ceux de l'Afghanistan.

§ IV. TURKESTAN (1).

32. GÉOGRAPHIE PHYSIQUE. — *Position. — Limites. — Étendue.* — Le Turkestan, désigné aussi assez souvent, mais d'une manière inexacte, sous le nom de *Tartarie Indépendante*, est compris entre les 35ᵉ et 50ᵉ degrés de latitude N. et entre les 48ᵉ et 74ᵉ degrés de longitude E. — Il a pour limites, au N., la Sibérie; à l'O., la mer Caspienne; au S., la Perse et l'Afghanistan; à l'E., les pays tributaires de l'empire Chinois. — Le Turkestan embrasse une superficie qu'on n'estime pas à moins de 3,545,000 kilomètres carrés.

---

(1) Consulter, dans mon *Atlas historique et géographique à l'usage des Collèges*, la carte de l'ASIE OCCIDENTALE.

Mers. — Fleuves. — Montagnes. — Le
Turkestan est en grande partie occupé par des déserts
sablonneux souvent coupés de belles oasis, surtout dans la
Grande-Boukharie, qui est la partie la plus fertile, la plus
peuplée et la plus riche; il est baigné par la mer Caspienne, à
l'O., qui forme sur ses côtes les golfes d'*Emba, Mort, Kara-
bougas* et *Balkan*, au S. duquel est située l'île de *Nephta*, et
qui reçoit le *Tedjen*. Le lac ou mer d'*Aral*, plus à l'E., reçoit
les fleuves principaux qui arrosent le pays, savoir ; le *Sihoun*
ou *Syr-Déria*, au N., et le *Djihoun* ou *Amou-Déria*. — Les
montagnes des chaînes du *Bolour* et du *Térek* bornent le Turkestan à l'E.

55. DIVISIONS. — VILLES PRINCIPALES. — On peut
diviser le Turkestan en cinq parties, savoir : le *Pays des
Kirghiz*, au N. ; la *Turkomanie*, le long de la côte
orientale de la mer Caspienne ; le *Kharism* ou *Koua-
resmie*, au centre ; le *Turkestan proprement
dit*, berceau de la nation turque, à l'E., et la *Grande-
Boukharie*, au S. ; mais ces divisions générales sont à peu
près inconnues dans le pays, que se partagent un nombre assez
considérable de khans ou souverains, aujourd'hui presque tous
sujets ou tributaires de l'empire russe. La conquête définitive
de cette vaste contrée n'est plus pour la Russie qu'une
question de temps.

Les villes les plus remarquables du Turkestan sont : KHIVA
(6,000 hab.), sur un canal dérivé de l'*Amou-Déria*, dans le
Kharism ; résidence d'un sultan qui a 2 millions et demi de sujets
et s'est fait reconnaître comme suzerain par les *Araliens*, habitants des bords du lac dont ils portent le nom, et par les *Karakal-
paks*, qui errent sur les rives du *Syr-Déria*, et qui lui-même
reconnaît le protectorat de la Russie. — KHOKAND, à l'E. de
Khiva, ville importante et industrieuse, résidence du khan le
plus puissant du Turkestan proprement dit (100,000 hab.). —
BOUKHARA (100,000 hab.), au S. O. de Khokand, la ville la
plus civilisée de tout ce pays, dans une riche plaine de la
Grande-Boukharie, à laquelle elle donne son nom. Centre du
commerce de l'Asie occidentale et centrale, elle est en relations
par caravanes avec la Chine, la Sibérie, l'Inde, l'Afghanistan et
la Russie. Cette ville sert de résidence au khan le plus puissant
et le plus riche de tout le Turkestan, dont les Etats comptent
environ 3 millions de sujets, et comprennent la ville de SA-
MARKAND, située au N. E. et qui fut, en 1400, la capitale du
fameux Tamerlan (10,000 hab.). — BALK (Bactres), au S. E.

de Samarkand, une des plus anciennes et autrefois une des lus célèbres villes de l'Asie. — KHOULM, au S. E. de Balk, capitale du khan le plus puissant de la partie méridionale du Turkestan. Les Etats dont ces deux dernières villes étaient les capitales ont fait longtemps partie du royaume de Kaboul.

34. NOTIONS DIVERSES. — *Religion. — Population. — Races*. — On estime la population du Turkestan à 9 millions d'habitants, qui sont presque tous mahométans sunnites ou de la secte d'Omar, et mènent une vie nomade.

Parmi les diverses races qui peuplent le Turkestan, il faut distinguer : — 1° les *Kirghiz* ou *Kaïssaks*, au N., divisés en trois hordes, dont la *Grande*, composée d'environ 400,000 âmes, est en partie soumise à la Chine, et doit être seule considérée comme appartenant au Turkestan, la *Moyenne* (un million d'individus), et la *Petite* (200,000 âmes), ayant reconnu la souveraineté de la Russie ; c'est une nation presque sauvage qui élève de nombreux troupeaux ; — 2° les *Turkomans*, qui sont peut-être les pères des Turcs, et qui, des bords de la mer Caspienne, se sont répandus dans toute la Perse et la Turquie d'Asie ; — 3° les *Ouzbeks*, Turcs d'origine, que l'on peut regarder comme les dominateurs du Turkestan, à la plupart des Etats duquel ils ont donné des chefs ; 4° enfin les *Boukhares*, qui paraissent d'origine persane et qui se distinguent par leur industrie et leur aptitude pour le commerce. — Aucune de ces races diverses, habitantes du Turkestan, n'est réellement tartare : c'est ce motif qui a fait rejeter le nom de *Tartarie Indépendante*, donné longtemps, mais à tort, comme on le voit, à cette vaste contrée. On a cru pouvoir lui appliquer, avec plus de raison, celui de *Turkestan* ou pays des Turcs, qui rappelle la plus célèbre des nations qui en sont sorties.

***Climat. — Productions*.** — Le Turkestan jouit d'un climat doux et salubre ; mais les hivers y sont très-rigoureux. Le règne végétal y est assez pauvre ; cependant il nourrit une belle race de chevaux, et les montagnes qui le bornent à l'E. renferment des mines d'or, d'argent et de pierres précieuses.

L'élève des troupeaux, qui se concilie avec la vie nomade, est la principale industrie des habitants.

QUESTIONNAIRE. — § Ier. 24. Quelles sont la position et les limites de la Perse ? — Comment se divise-t-elle naturellement ? — Quels lacs et quels fleuves peut-on y signaler ? — Quelles mers la baignent ? — Quelles montagnes y rencontre-t-on ? — 25. Comment se divise-t-elle ?

— Nommez ses provinces et leurs villes principales. — 26. Quels sont la population, la religion et le gouvernement de la Perse ? — Quels sont ses productions et son climat ? — § II. 27. Quelles sont la position et les limites de l'Afghanistan ? — Quels en sont l'aspect général, les rivières et les montagnes ? — 28. Quelles sont ses villes principales ? — 29. Quels en sont la population, la religion, le gouvernement et les produits ? — § III. 30. Quelles sont la position et les limites du royaume de Hérat ? — 31. Faites connaître la capitale de ce royaume, sa population et son gouvernement. — § IV. 32. Quelles sont les bornes du Turkestan ? — Quelles mers et quels fleuves le baignent ? — Quelles montagnes y signale-t-on ? — Quelle est sa superficie ? — 33. Comment se divise-t-il ? — Quelles sont ses villes remarquables ? — 34. Quelles sont sa population et sa religion ? — Quels sont son climat et ses productions ? — Faites connaître les peuples qui l'habitent.

CHAPITRE TROISIÈME

TURQUIE D'ASIE. — ARABIE.

—

SOMMAIRE.

§ 1er. 35. La TURQUIE D'ASIE est bornée au N. par la Russie du Caucase, la mer Noire et celle de Marmara ; à l'O. par l'Archipel ; au S. par la Méditerranée et l'Arabie ; à l'E. par la Perse. Son étendue est de 1,235,000 kilomètres carrés. — Elle se divise en trois régions physiques : 1° l'Anatolie, baignée par la mer Noire, celle de Marmara et la Méditerranée ; traversée par la chaîne du Taurus, et arrosée par le Sakaria, le Kizil-Ermak, le Sarabat, le Meinder ; le Syhoun et le Djihoun ; — 2° la Syrie et la Palestine, baignées par la Méditerranée, traversées par le Liban et l'Anti-Liban, arrosées par le Nahr-el-Asi et le Charia ou Jourdain qui tombe dans la mer Morte ; — 3° le bassin du Chot-el-Arab qui se jette dans le golfe Persique, traversé par les ramifications du Taurus et du Caucase, où l'on remarque le mont Ararat et le lac de Van.

36. On peut la diviser en trois parties : Turquie d'Asie occidentale, orientale et Syrie qui forment 17 eyalets ou gouvernements.

37. Les villes principales de la Turquie d'Asie occidentale ou Anatolie sont : Brousse, Kontaïeh, Smyne, Koniéh, Adana, Marach, Sivas et Trébizonde.

38. Celles de la partie orientale sont : Erzeroum, dans l'Arménie ; Diarbékir, dans l'Aldjézireh ; Mossoul, dans le Kourdistan ; Bagdad et Bassora, dans l'Irak-Arabi.

39. Celles de la Syrie et de la Palestine sont, Alep, Tripoli, Acre, Damas et Jérusalem.

40. Les principales îles qui dépendent de la Turquie d'Asie sont : Mételin, Scio, Rhodes, Chypre.

41. La population est de 15 millions d'habitants, parmi lesquels les Kourdes et les Turcomans sont fort peu soumis. — Le sol y est fertile, mais les habitants n'en savent pas tirer parti.

§ II. 42. L'Arabie est bornée au N. par la Turquie d'Asie, à l'E. par les golfes Persique et d'Oman, au S. par l'océan Indien, à l'O. par la mer Rouge. — Elle a une étendue de 2 millions de kilomètres carrés. — Elle forme un vaste plateau baigné à l'E. par le golfe Persique qui se termine par le cap Mossendom sur le détroit d'Ormouz; on y distingue encore les caps Ras-el-Had et Fartak et les baies de Sangra et Fartak sur le golfe d'Aden, qui communique par le détroit de Bab-el-Mandeb avec la mer Rouge, terminée au N. par les golfes d'Akabah et de Soueys, entre lesquels sont les monts Sinaï et Horeb. Une chaîne de montagnes règne le long de la mer Rouge. Les rivières principales sont l'Aftan, le Chabb et le Meïdan.

43. L'Arabie se divise en 7 parties : le désert du Sinaï, l'Hedjaz, le Nedjed, l'El-Haça, l'Oman, l'Hadramaout et l'Yémen.

44. L'Hedjaz renferme Médine et la Mekke. Les villes des autres parties sont : Riad, El-Haça et El-Katif près de laquelle sont les îles Bahreïn, Sohar ou Oman. Moka et Aden qui appartient aux anglais ainsi que les îles de Perim et Socotora.

45. Les États de l'imao de Maskate comprennent le S. de l'Oman avec Rostak et Maskate, les îles d'Ormouz, Kismich dans le golfe Persique, et celles de Pemba, Monfia et Zanzibar sur la côte d'Afrique. — Ces États renferment 10 millions d'habitants.

46. L'Arabie est peuplée d'environ 12 millions d'habitants, pasteurs nomades pour la plupart. Le centre est montagneux et bien arrosé, mais entouré de déserts sans eau et sablonneux; les côtes sont fertiles. Ce pays produit le café, beaucoup d'épices et de perles.

§ I. TURQUIE D'ASIE (1).

55. GÉOGRAPHIE PHYSIQUE. — *Position.* — *Limites.* — *Étendue.* — La Turquie d'Asie, la plus vaste et la plus belle des possession de l'empire Ottoman, est comprise entre les 30e et 42e degrés de latitude N et entre les 24e et 46e degrés de longitude E. — Elle est bornée, au N., par la Russie du Caucase et la mer Noire; au N. O. par le détroit de Constantinople et la mer de Marmara; à l'O., par le détroit des Dardanelles, l'Archipel et la Méditerranée; au S., par la Méditerranée et l'Arabie : à l'E , par la Perse. — Son étendue est de 1,235,000 kilomètres carrés.

---

(1) Consulter, dans mon *Atlas historique et géographique à l'usage des Collèges*, la carte de la TURQUIE D'ASIE.

Mers. — Rivières. — Montagnes. — La Turquie d'Asie se compose de plusieurs régions physiques tout à fait distinctes, savoir : 1° la grande péninsule de l'*Anatolie*, baignée au N. par la *mer Noire*, unie à celle de *Marmara* par le *canal de Constantinople*, laquelle communique avec l'*Archipel* par le détroit des *Dardanelles*. La Méditerranée achève d'entourer au S. cette presqu'île dont les côtes occidentales et méridionales sont découpées par un grand nombre de golfes et de caps, dont les principaux sont : le cap *Kerempeh* sur la mer Noire, le cap *Baba* et le golfe de *Smyrne* sur l'Archipel, les golfes de *Sattalia* et d'*Alexandrette* sur la Méditerranée. L'Anatolie est traversée dans tous les sens par des chaînes de montagnes dont la plus considérable est celle du *Taurus* et de l'*Anti-Taurus*, qui couvrent de leurs ramifications à peu près toute la péninsule. Le sommet le plus élevé de cette chaîne est le mont *Argée*, vers le centre. — De ces montagnes sortent de nombreuses rivières, dont les plus considérables sont : le *Sakaria* (*Sangarius*) et le *Kizil-Ermak* (*Halys*), qui vont tomber dans la mer Noire ; le *Sarabat* (*Hermus*) et le *Meïnder* (*Méandre*), qui se rendent à l'O. dans l'Archipel ; enfin le *Karasou* (*Cydnus*), le *Syhoun* (*Sarus*) et le *Djihoun* (*Pyrame*) qui tombent dans la Méditerranée.

2° La Syrie et la Palestine, baignées par la Méditerranée, sont traversées par les chaînes du *Liban* et de l'*Anti-Liban* qui se relient au Taurus par l'*Amana-Dagh* (mont Amanus) ; les monts *Thabor* et *Carmel* se rattachent à l'Anti-Liban. Les fleuves les plus remarquables de ces contrées sont : le *Nahr-el-Asi* (*Oronte*), et le *Charia* (*Jourdain*), lequel va se perdre dans le lac *Asphaltite* ou *mer Morte*, situé au centre de la Palestine, après avoir formé le lac de Tabarieh (lac de *Généza-reth*).

3° Enfin, le grand bassin du *Chot-el-Arab* ou de l'*Euphrate* et du *Tigre*, lequel déverse ses eaux dans le golfe Persique. Tout le nord de ce bassin est couvert par les ramifications de la chaîne du *Taurus*, de celle du *Caucase* et des montagnes de la *Perse*, où l'on doit citer le célèbre *mont Ararat*, et au milieu desquelles se trouve le grand lac saumâtre de *Van*.

56. GÉOGRAPHIE POLITIQUE. — DIVISIONS POLITIQUES ET ADMINISTRATIVES. — La Turquie d'Asie est partagée par les Turcs, comme celle d'Europe, en *eyalets* ou gouvernements qui sont au nombre de seize, sans y comprendre les îles de l'Archipel appartenant à l'Asie-Mineure, lesquelles forment un gouvernement à part. Les eyalets se divisent en *livas*

ou districts, dont les chefs, souvent en guerre entre eux, ne gardent au sultan qu'une obéissance fort incertaine. On peut répartir ces diverses divisions en trois grandes contrées, savoir : 1° la *Turquie d'Asie occidentale*, composée de l'*Anatolie* (Asie Mineure) avec les provinces de *Trébizonde*, de *Karamanie*, et d'*Adana* ; 2° la *Turquie d'Asie orientale*, composée des provinces connues sous les noms d'*Arménie*, de *Kourdistan Turc* (Assyrie), et d'*Al-Djéziréh* (Mésopotamie), avec l'*Irak-Arabi* (Babylonie) ; 3° les anciennes provinces de *Syrie* et de *Palestine*, au S.

57. TURQUIE D'ASIE OCCIDENTALE. — DIVISIONS ET VILLES PRINCIPALES. — La Turquie d'Asie Occidentale, dont l'*Anatolie* (Anadoli), forme la partie la plus considérable à l'O., comprend neuf gouvernements ou eyalets, dont les villes principales sont : — BROUSSE (Prusa), au S. E. de Constantinople ; grande ville, qui fait un commerce considérable de soie brute. C'est dans les environs de cette ville, qui fut la capitale de l'empire Ottoman jusqu'à la prise d'Andrinople par les Turcs, que Tamerlan remporta sur Bajazet une victoire qui coûta la vie à 400,000 hommes (170,000 habitants). — *Scutari*, port sur le détroit, vis-à-vis de Constantinople, dont elle est comme un faubourg. — ANGORA (Ancyre), à l'E. de Brousse, siége d'un archevêché ; elle doit sa prospérité commerciale à la finesse du poil de ses chèvres, et sa célébrité historique à la victoire remportée par Tamerlan sur Bajazet, qui y fut fait prisonnier le 7 août 1402 ; — KOUTAÏÉH (Cotiæum), au S. E. de Brousse, capitale du gouvernement d'*Anadoli* (56,000 habitants). — SMYRNE ou IZMIR, au S. O. de Koutaïéh, excellent port, au fond du golfe de son nom, sur l'Archipel ; une des villes les plus belles et les plus considérables de l'Asie, et le centre du commerce du Levant, quoiqu'elle ait été ruinée dix fois par les incendies et les tremblements de terre, et qu'elle soit souvent dévastée par la peste (140,000 hab.). — AFIOUM KARA-HISSAR, (Château noir de l'Opium), plus à l'E., ainsi nommée du produit que donnent les immenses champs de pavots qui l'entourent. Cette ville, que domine une imprenable citadelle, placée sur un roc escarpé, était le fief patrimonial d'Othman, fondateur de l'empire ottoman. Elle est la résidence d'un pacha et l'entrepôt d'un grand commerce de transit et d'objets fournis par ses manufactures (60,000 hab.). — KONIEH (Iconium), plus au S. E., ancienne résidence des sultans Seldjoukides, et, aujourd'hui, capitale du gouvernement de *Karamanie* ; remarquable par ses fabriques de

tapis et de maroquin et par la victoire que les Egyptiens, commandés par Ibrahim-Pacha, y remportèrent sur les Turcs, en 1832. — ADANA, au S. E., à peu de distance de la côte de la Méditerranée, capitale d'un gouvernement borné au N. par la chaîne du Taurus, couverte d'excellents bois de construction. — MARACH, plus à l'E., capitale d'un gouvernement. —SIVAS (Sébaste), au N. E., capitale d'un gouvernement auquel on conserve quelquefois le nom de *Pays de Roum*. — TOKAT, au N. E., une des villes les plus commerçantes de la Turquie d'Asie et dont on évalue la population à 100,000 hab. — SINOPE, au N. O., port sur la mer Noire où les vaisseaux russes détruisirent une escadre turque en 1854. — TRÉBIZONDE OU TARABEZOUN, à l'E., port sur la mer Noire, capitale d'un gouvernement. Cette ville, grande et fortifiée, conserve encore quelques restes de la splendeur dont elle brilla pendant le temps où elle fut la capitale d'un empire démembré de celui de Constantinople.

58. TURQUIE D'ASIE ORIENTALE. — DIVISIONS ET VILLES PRINCIPALES. — Les provinces orientales de la Turquie d'Asie forment 4 eyalets, dont les principales villes sont, dans l'*Arménie* :—ERZEROUM, au S. E. de Trébizonde, la ville la plus considérable et la plus florissante de l'Arménie, et la capitale de l'eyalet qui porte son nom. — KARS, au N. E., ville forte et commerçante, prise en 1855 par les Russes, à la suite d'un siége long et difficile. — VAN, au S. E. de Kars, dans une belle position, sur les bords du lac auquel elle donne son nom, résidence d'un pacha et capitale de l'eyalet de son nom. — Dans l'*Al-Djézireh,* province qui dépend de l'eyalet de Van, dont le nom, qui signifie *île*, correspond assez bien au nom ancien de *Mésopotamie* : DIARBÉKIR OU AMID, sur le Tigre, au S. O. d'Erzeroum, capitale de l'un des livas formés par la province. — Dans le *Kourdistan Turc:* MOSSOUL, sur la rive droite du Tigre, très-florissante par son industrie et son commerce, capitale d'un eyalet. Les environs de cette ville, et notamment le village de *Korsabad*, ont été le théâtre de recherches qui ont amené la découverte de monuments que l'on pense faire partie des ruines de l'ancienne Ninive. — BIDLIS ou *Betlis*, à l'O. du lac de Van, la ville la plus florissante du Kourdistan turc, dont la plus grande partie compose l'eyalet de *Chérisour*, habité par les *Kourdes*. Répandus au nombre de 240,000, toujours armés, dans cette province et dans celles de la Turquie et de la Perse qui l'avoisinent, ils sont plutôt vassaux que sujets de ces puissances,

2.

mènent, pour la plupart, une vie errante, et dévastent souvent toutes les contrées d'alentour. — Dans l'*Irak-Arabi:*
BAGDAD, au S. E. de Mossoul, sur le Tigre, capitale d'un
eyalet. Cette magnifique capitale de l'empire des khalifes, voisine des ruines de Ctésiphon, de Séleucie et de Babylone,
quoique bien déchue elle-même de sa splendeur, est une des
villes les plus grandes, les plus fortes et les plus riches de la
Turquie d'Asie, et l'entrepôt de son commerce avec les contrées orientales (100,000 habitants). — BASSORA ou *Bazrah*,
dans le même gouvernement, sur le *Chot-el-Arab*, à 90 kilomètres de son embouchure dans le golfe Persique, et qui
conserve encore une partie de la haute prospérité qu'elle a
due à sa position, qui la rend un des centres du commerce d
l'Europe avec l'Asie.

59. SYRIE ET PALESTINE.—VILLES PRINCIPALES.— Les
provinces de Syrie (*Cham*) et de Palestine, qui, avec le district d'Adana déjà nommé plus haut, avaient été cédées en
1833 par le sultan au vice-roi d'Egypte, et qui ont été resti-
tuées par ce dernier en 1840, sont parcourues, surtout dans
leur partie orientale, par un grand nombre de tribus d'Arabes nomades. Parmi les peuplades indépendantes de l'intérieur,
on distingue, dans les montagnes du Liban et de l'Anti-Liban, les *Maronites*, qui sont catholiques romains, et les *Druzes*, peuplade guerrière professant une espèce de mahométisme, lesquels sont sans cesse en guerre. — Elles forment
3 eyalets, dont les principales villes sont : ALEP ou HALEB, au
N. E. de la Syrie, province qui borde la côte orientale de la
Méditerranée; capitale d'un eyalet; cette ville était la plus
grande de toute la Turquie d'Asie, avant qu'elle eût été ruinée, en 1822, par un affreux tremblement de terre. — Au
N. E. de cette ville se trouve *Nezib*, où Ibrahim, fils du vice-
roi d'Egypte, remporta une grande victoire sur les Turcs, en
1839. — *Alexandrette*, sur un golfe de la Méditerranée, au
milieu de marais dont les exhalaisons sont souvent mortelles,
est regardée comme le port d'Alep. — ANTAKIÉH, au S. E.,
faible reste de la magnifique *Antioche*, dont les 700,000 habitants sont aujourd'hui réduits à 6,000. — LATAKIÉH (Lao-
dicée), au S. O., le port le plus commerçant de la côte de la
Syrie. — TRIPOLI, autre port plus au S., sur la même côte,
ville commerçante et bien bâtie, capitale de l'un des gouvernements de la Syrie. — SAÏDA, au S. O.; elle n'est plus que
l'ombre de la fameuse *Sidon*; elle est cependant la capitale
d'un eyalet qui comprend la partie la plus occidentale de la

Syrie. — DAMAS, à l'E. d'Acre, dans une vallée délicieuse, capitale d'un eyalet qui comprend presque toute la portion orientale de la Syrie et la plus grande partie de l'ancienne Palestine. Cette ville, une des plus anciennes du monde, est célèbre par ses fabriques de sabres et florissante par son commerce. Elle a été, en 1860, le théâtre du massacre des chrétiens par les Druzes (150,000 hab.). — ACRE ou SAINT-JEAN-D'ACRE, à l'O., sur la côte, ville commerçante et bien fortifiée, capitale d'un gouvernement formé de l'ancienne Phénicie et de l'ancienne Galilée; célèbre pendant les croisades; elle a été inutilement assiégée par les Français, commandés par Napoléon Bonaparte, en 1799. — NAZARETH, au S. E., célèbre dans les temps modernes par une victoire qu'y remportèrent les Français en 1799. — JAFFA, au S. O. de Nazareth, port où débarquent les pèlerins qui se rendent à la Terre Sainte. Les Français s'en rendirent maîtres en 1799. — JÉRUSALEM, à l'E.; cette ville, qui n'est plus que l'ombre de ce qu'elle a été, mais qui rappelle de si grands souvenirs, est toujours visitée par un grand nombre de pèlerins. Sa population est d'environ 25,000 âmes.

40. ILES QUI DÉPENDENT DE LA TURQUIE D'ASIE. — Les plus importantes sont :

1° Marmara, à l'entrée de la mer à laquelle elle a donné son nom, qu'elle doit elle-même au beau marbre qu'on en tire.

2° Dans l'*Archipel,* près de la côte d'Anatolie : Ténédos, au N. E. de l'Archipel, la clef du détroit des Dardanelles, avec une capitale du même nom et un bon port. — Mételin (Lesbos), île fertile et bien peuplée, porte le nom de sa capitale. — Scio, (Chios), au S. de Mételin, l'un des domaines de la sultane mère, avec une capitale du même nom. Elle produit d'excellents vins.

3° Dans la *Méditerranée :* — Samo (Samos), au S. E. de Scio, extrêmement fertile en vins, grains et olives; capitale Mégali-Chora. Parmi les Sporades : — Nicaria (Icare), au S. O. de Samo; riche en bois de construction, habitée par un millier de Grecs très-pauvres et très-fiers, qui prétendent descendre des anciens empereurs de Constantinople. — Stan-Co (Cos), au S. E. de Nicaria; l'une des meilleures îles de l'Archipel, avec une capitale du même nom. Elle fournit beaucoup de pierres à aiguiser. — Rhodes, autrefois fameuse par son colosse, mais plus encore par la résidence des chevaliers de Saint-Jean-de-Jérusalem, auxquels Soliman l'enleva, en 1592, après la plus héroïque résistance de leur part. Sa capitale, portant le même nom et située sur le penchant d'une colline, est une des meilleures forteresses des Turcs. — Enfin, *Chypre*, au S. E., la plus grande des îles de la Turquie d'Asie. Cette île, qui renfermait autrefois neuf royaumes, fut conquise par le roi d'Angleterre Richard Cœur-de-Lion, et vendue par lui à la maison de Lusignan (1). Elle est peu cultivée, renferme 83,000 habitants, et a pour capitale NICOSIE, ville grande et forte, ancienne résidence des rois, et aujourd'hui de l'intendant turc; siège d'un archevêque grec. *Famagouste* et *Larnaka* sont ses ports les plus fréquentés.

41. NOTIONS DIVERSES. — *Religion*. — *Gouvernement*. —On suppose que la population de la Turquie d'Asie s'élève à 15 millions d'habitants, dont les trois quarts mahométans, et l'autre quart chrétien des rites grec et arménien. On y compte aussi 300,000 juifs.—Les pachas qui gouvernent, sous l'autorité du Grand-Seigneur, les diverses provinces de ce pays, ne lui gardent souvent qu'une douteuse obéissance, et les nombreuses tribus de *Kourdes*, de *Turkomans*, etc., répandues dans les provinces orientales, sont à peu près indépendantes.

Souvenirs historiques. — Climat — Productions. — La Turquie d'Asie, l'une des plus belles contrées de l'univers, a été le siége de puissants empires : Troie, Ninive, Babylone, Sidon, Tyr, Jérusalem, Antioche, Bagdad, et une foule d'autres villes célèbres, s'y distinguèrent par leur puissance, leur richesse et leur population. Aujourd'hui encore, un sol d'une incomparable fertilité, un climat dont la douceur et la variété favorisent la culture des plantes les plus précieuses et les plus diverses, la position la plus avantageuse entre l'Europe, l'Asie et l'Afrique, feraient de ces belles contrées le premier empire du monde, si les habitants étaient plus disposés à se prêter aux usages et aux réformes de la civilisation.

---

(1) Un duc de Savoie ayant épousé l'héritière de la maison de Lusignan, les rois de Sardaigne ont conservé des prétentions sur les royaumes de Chypre et de Jérusalem.

§ II. — ARABIE (1).

42. Géographie physique. — *Position*. — *Limites*. — *Étendue*. — L'Arabie, la plus occidentale des trois grandes presqu'îles qui forment l'Asie méridionale, est comprise entre les 12e et 34e degrés de latitude N. et entre les 30e et 58e degrés de longitude E. — Entourée par la mer à l'O., au S. et à l'E., elle est bornée au N. par l'Irak-Arabi, l'Al-Djéziréh et la Syrie, qui dépendent de la Turquie d'Asie. — Son étendue est de plus de 2 millions de kilomètres carrés.

Aspect général. — Mers. — Montagnes. — L'Arabie semble former un vaste plateau sablonneux incliné vers le *golfe Persique* qui la baigne à l'E. et communique avec le *golfe d'Oman* par le *détroit d'Ormouz*, sur lequel l'Arabie avance le long cap *Mossendom*; plus au S. est situé le cap *Ras-el-Had* ou *Rasalgat*, le point le plus oriental de l'Arabie. Sur la côte méridionale, baignée par la *mer des Indes* et le *golfe d'Aden*, on remarque encore les baies de *Sangra* et de *Fartak*, ainsi que le cap *Fartak* à la sortie de la baie de ce nom. — La *mer Rouge* ou *golfe Arabique* communique avec le *golfe d'Aden* par le détroit de *Bab-el-Mandeb*; cette mer baigne toute la côte occidentale de l'Arabie et se divise au N. en deux golfes, celui d'*Akabah* à l'E. et celui de *Soueys* ou Suez à l'O. C'est ce dernier qui est maintenant uni à la mer Méditerranée par un canal creusé au travers de l'*isthme de Suez*. Entre ces deux golfes s'avance le cap de *Raz-Mohammed*, dernière saillie d'une chaîne de **montagnes** qui compte au nombre de ses sommets les monts *Sinaï* et *Horeb*, célèbres dans l'histoire du peuple hébreu. Une chaîne de montagnes qui paraît renfermer des sommets fort élevés dont le plus remarquable est le mont *Schakâh*, longe à une distance de 50 à 130 kilomètres la côte du golfe Arabique. Elle prend le nom de *Djebel-Azyr* dans le Béled-el-Haram qu'elle sépare du reste de l'Arabie où elle envoie quelques cours d'eau. Enfin le centre de la presqu'île est parcouru par plusieurs chaînes peu connues. Le **fleuve** le plus considérable de l'Arabie, si pauvre sous ce rapport, est l'*Aftan*, qui tombe dans le golfe Persique; encore se dessèche-t-il pendant l'été. On peut nommer encore le *Chabb* et le *Meïdan*, qui tombent dans le golfe d'Aden.

---

(1) Consulter, dans mon *Atlas historique et géographique à l'usage des Colléges*, la carte de l'ASIE OCCIDENTALE.

45. GÉOGRAPHIE POLITIQUE. — GRANDES DIVISIONS.
— L'Arabie peut être divisée en sept parties, savoir : 1° le *désert du Sinaï,* situé entre les deux golfes formés par la mer Rouge à son extrémité septentrionale, et qui n'est remarquable que par son antique célébrité ; il contient environ mille habitants ; 2° l'*Hedjaz,* le long de la côte de la mer Rouge ; 3° le *Nedjed,* à l'E. de l'Hedjaz, et comprenant tous les déserts de l'Arabie centrale et les pays soumis aux Wahabites ; 4° *El-Haça,* entre le Nedjed et le golfe Persique ; 5° l'*Oman,* dominé par le *sultan de Maskate,* au S. de ce même golfe ; 6° l'*Hadramaout,* au S. E. de l'Arabie ; 7° enfin l'*Yémen,* qui en occupe tout le S. O. — A l'exception d'une partie de l'*Hedjaz,* le *Béled-el-Haram,* qui reconnaît la souveraineté du sultan de Constantinople, l'Arabie forme un grand nombre de petits Etats gouvernés par des princes indépendants, dont le plus connu par ses relations avec les Européens est l'*iman* ou *sultan de Maskate* (V. n°ˢ 45 et 90.)

44. PRINCIPAUX ETATS. — VILLES REMARQUABLES. —
L'*Hedjaz,* qui renferme le *Béled el-Haram,* ou la terre sainte des Mahométans, laquelle reconnaît la souveraineté du sultan de Constantinople, est souvent dévasté par les insurrections des *Azyrs,* peuple qui habite les montagnes auxquelles il a donné son nom. — L'Hedjaz a pour villes principales : — MÉDINE (*Medinet-el-Nabi*) au N., l'une des deux villes par excellence pour les Mahométans ; célèbre par une magnifique mosquée où l'on voit le tombeau de Mahomet, fondateur de l'islamisme. Cette ville fut prise et pillée en 1803 par les Wahabites. Elle a pour port *Yambo,* sur la mer Rouge. — LA MEKKE (*Mekka*), au S. E. de Médine, capitale du Béled-el-Haram, patrie et résidence de Mahomet, lieu d'un fameux pèlerinage au temple de *la Kaaba,* construit, selon les Mahométans, par Abraham et son fils Ismaël, aidés par l'ange Gabriel, qui y plaça la *pierre noire,* objet d'une vénération particulière. On y remarque aussi le *puits de Zemzem,* où Agar puisa, dit-on, l'eau pour son fils Ismaël. La Mekke compte à peine 30,000 habitants ; mais il s'y tient tous les ans une foire où se rassemblent plus de 100,000 marchands. — DJEDDAH, sur la mer Rouge, peut en être regardée comme le port.

Le *Nedjed,* à l'E. de l'Hedjaz, est le nom que l'on donne souvent à toute la partie centrale de l'Arabie, contrée montagneuse séparée de toutes parts des côtes par un désert sans eau. Ce pays, beaucoup plus peuplé qu'on ne le supposerait, obéit à un grand nombre de chefs dont les principaux sont ceux du *Chomir*, du *Kassym*, du *Soudeyr*, du *Haryk*. Ils sont presque complètement soumis au sultan des Wahabites qui fait peser sur eux une lourde tyrannie. Ce souverain réside à RIAD, petite ville située à l'E. de *Derreyeh*, son ancienne capitale qui a été prise et détruite par les Égyptiens.

L'***El-Haça*** ou ***Hadjar***, à l'E. du Nedjed, est en grande partie soumis à l'influence des Wahabites; il a pour villes principales : EL HOF HOUF ou *Lhaça*, ville qui donne son nom à la contrée. — EL-KHATIF, au N. O. de la précédente, est la plus commerçante des villes du golfe Persique. Non loin de cette ville on trouve près de la côte le groupe des îles *Bahreïn*, fameuses par la riche pêcherie de perles qui y est établie; la principale de ces îles qui a donné son nom au groupe renferme une capitale nommée MANAMA.

L'***Hadramaout***, au S. O., a pour villes principales : CHIBAN et DOAN dans l'intérieur, et KESHEN, port d'où l'on exporte de l encens.

L'***Yémen***, à l'O., province la plus fertile et la plus riche de l'Arabie, a pour capitale SANA (40,000 hab.) au S. de laquelle se trouve MOKA, beau port à l'entrée de la mer Rouge, faisant un grand commerce et célèbre par son café (5,000 hab.). — ADEN, ville importante sur le golfe auquel elle a donné son nom, est occupée depuis 1838 par une garnison anglaise. (12,000 hab.) — On peut rattacher à l'Yemen l'île de *Perim*, située dans le détroit de Bab-el-Mandeb et appartenant aux Anglais, comme celle de *Socotora*, située plus à l'E., au S. de l'Hadramaout. (V. n° 69)

45. ETATS DE MASKATE. — Les ***Etats de l'iman*** ou ***sultan de Maskate*** sont formés de l'***Oman*** qui occupe les côtes occidentales du golfe Persique entre les caps Mossendom et Raz-al-Had. Sa suprématie s'exerce aussi sur la côte orientale qui appartient à la Perse et au Beloutchistan jusque vers le cap Cuiza. — Les principales villes sont : SOHAR ou OMAN, port, puis ROSTAK à l'isthme, et enfin MASKATE, résidence du sultan, port qui donne son nom à l'Etat. — Il est fréquenté par les Européens ; c'est l'entrepôt du commerce de l'Arabie, de la Perse et des Indes. Le climat en est fort malsain. On en porte la population à 60,000 habitants. De cet Etat dépendent encore dans le golfe Persique les îles d'*Ormouz* et de *Kismich*. La première possédait au seizième siècle une ville opulente aujourd'hui bien déchue, et qui n'est plus qu'un rocher stérile; la seconde est importante par la pêche des perles. — En face de cette île sur la côte Persane la ville de *Bender-Abassi* est sous la suprématie de l'iman.

Outre ces possessions, ce souverain avait établi sa puissance sur un grand nombre de points de la côte orientale de l'Afrique, depuis *Querimbé* jusqu'au cap *Guardáfui*, et notamment dans les îles de *Pemba*, *Monfia* et **Zanzibar** vis-à-vis la côte de Zanguebar; la dernière île renferme une capitale nommée ZAWOÏCHEL, qui est souvent la résidence d'un souverain, lequel a partagé les Etats paternels avec l'iman de Maskate.

On évalue la population de ces Etats à 10 millions de sujets peu soumis, mais parmi lesquels 200,000 pourraient porter les armes. La marine avait reçu un grand développement; mais depuis le partage, le sultan de Maskate n'a plus de marine, et celui de Zanzibar en a seul conservé quelques débris.

46. NOTIONS DIVERSES. — *Population*. — *Gouvernement*. — *Religion*. — Les habitants de l'Arabie, qu'on estime au nombre de 12 millions, sont braves et hospitaliers, quoique portés à la tromperie et au brigandage. Les *Wahabites*, qui tirent leur nom de *Wahab*, dont le fils fut, vers le milieu du dix-huitième siècle, le chef d'une secte qui prétend réformer la religion mahométane, ont dominé pendant quelque temps sur presque toute l'Arabie; mais leur puissance a été rejetée vers le centre et l'E., par le vice-roi d'Egypte, qui avait étendu sa domination sur toutes les contrées septentrionales et occidentales de l'Arabie, avant les événements qui, vers la fin de 1840, l'ont réduit à ses possessions d'Afrique. Plusieurs tribus errantes, nommées *Bedouins*, n'ont d'autre métier que de piller les voyageurs; leurs chevaux, qu'ils prétendent issus de ceux qui peuplaient les écuries du roi Salomon, et dont ils conservent la race avec beaucoup de soin, ont une grande réputation. Ces tribus de pasteurs, qui élèvent de nombreux troupeaux d'ânes, de moutons et de chèvres, ne connaissent d'autres souverains que les *cheiks* qui les commandent; quant aux Etats que nous avons nommés ci-dessus, ils obéissent à des souverains absolus. — Le mahométisme ou islamisme, divisé en plusieurs sectes, domine exclusivement en Arabie, où il a pris naissance, et d'où il s'est propagé les armes à la main.

Aspect général. — *Productions*. — L'intérieur de l'Arabie est une contrée montagneuse et assez bien arrosée, mais séparée des côtes par d'immenses mers de sables, que les Arabes traversent montés sur leurs chameaux, qu'ils nomment les *vaisseaux* du désert, et que la facilité avec laquelle ils supportent les privations, et surtout la soif, rend seuls propres aux voyages dans ces contrées, où l'on marche souvent plusieurs jours sans rencontrer une goutte d'eau. Sur les côtes, le sol est plus fertile; celui de l'Yémen surtout est d'une telle fécondité, qu'il a valu à cette contrée le nom d'*Arabie heureuse*. Outre le café, ce pays produit en abondance l'encens, la myrrhe, la gomme, le benjoin, l'indigo, le séné, les dattes; les pêcheries des côtes du golfe Persique fournissent une grande quantité de perles.

QUESTIONNAIRE. — § Ier. 35. Quelles sont les bornes et la position de la Turquie d'Asie? — Quelle est son étendue? — 35 Comment se divise la Turquie d'Asie au point de vue physique? — Quelles sont les mers qui la baignent? — ..... les montagnes qui la traversent? — ..... les fleuves qui l'arrosent? — 36. Quelles sont les divisions politiques de la Turquie d'Asie? — 37. Comment se divise la Turquie d'Asie occidentale? — Quelles sont les villes remarquables de ce pays? — 38. Quelles sont les provinces orientales de la Turquie d'Asie? — Quelles en sont les villes les plus remarquables? — 39. Faites connaître les villes principales de la Syrie et de la Palestine? — 40. Faites connaître les îles qui dépendent de la Turquie d'Asie? — 41. Quelles sont la population et la religion de la Turquie d'Asie? — Quels sont le gouvernement, le climat et les produits de ce pays? — § II. 42. Quelles sont la position, les limites et l'étendue de l'Arabie? — Quels sont les caps, les golfes et les détroits qui environnent l'Arabie? — Citez les fleuves de l'Arabie? — 43. Comment se divise l'Arabie? — 44. Faites connaître l'Hedjaz et ses villes principales? — Quelles sont les autres villes de l'Arabie? — 45. Faites connaître les Etats de l'iman de Maskate? — 46. Quels sont les habitants, le gouvernement et la religion de l'Arabie? — Faites connaître le climat et les produits de l'Arabie.

CHAPITRE QUATRIÈME

ASIE RUSSE.

—

TRANSCAUCASIE. — SIBÉRIE.

—

SOMMAIRE.

§ Ier. 47. LA RUSSIE ASIATIQUE se divise en Transcaucasie et Sibérie. — LA TRANSCAUCASIE est bornée au N. par le Caucase, à l'O. par la mer Noire, au S. par la Turquie d'Asie et la Perse, à l'E. par la mer Caspienne. — La Russie du Caucase est couverte par la chaîne dont elle porte le nom; elle est baignée par la mer Caspienne, où s'avance le cap Chakhov, et arrosée par le Kour grossi de l'Aras, qui porte les eaux du lac Goktcha dans la mer Caspienne, et par le Rioni, qui tombe dans la mer Noire.

48. La Russie du Caucase se divise en quatre provinces qui portent le nom de leurs capitales : Tiflis, Chamachie, Koutaïs et Erivan.

49. Elle est formée de la Géorgie et des provinces conquises sur la Turquie et la Perse, et compte 2 millions d'habitants, catholiques et musulmans.

§ II. 50. Sibérie. La Sibérie est bornée au N. par l'Océan Glacial Arctique, à l'O. par les monts et le fleuve Oural, au S. par le Turkestan et l'empire Chinois, à l'E. par les mers de Behring, d'Okhotsk et du Japon. — Elle est baignée par l'Océan Glacial, qui forme les golfes de l'Ob, de l'Iénisseï et de Kolima et les caps Sévéro-Vostoknoïé Oriental; à l'E. par le détroit de Behring, la mer du même nom et celle d'Okhotsk, lesquelles entourent la presqu'île du Kamtschatka, et par la Manche du Tarrakaï et la mer du Japon. — Elle est enveloppée à l'O. par les monts Oural, au S. par les monts Altaï, Sayansk et Kanteï, et sillonnée par les monts Stanovoï et Yablonoï. Elle est arrosée par l'Ob, l'Iénisseï, grossi de la Toungouska sortie du lac Baïkal, la Léna et l'Amour. — Les îles qui s'y rattachent sont celles de la Nouvelle Sibérie ou Liaïkhov, les Kouriles et l'île de Tarrakaï.

51. Elle se divise en quatre gouvernements : ceux de Tobolsk, de Tomsk, d'Iénisseïsk, chef-lieu Krasnoïarsk, de Sibérie orientale, chef-lieu Irkoutsk; — et en sept territoires : de Transbaïkal, chef-lieu Tchita, ville remarquable, de Nertchinsk, d'Iakoutsk; du Littoral, chef-lieu Petropaulovski; de l'Amour, chef-lieu Blagovertchinsk; de Semipalavinsk; des Kirghizes; de Sibérie, et des Kirghizes d'Orembourg.

52. La Sibérie avec le Turkestan a plus de 15 millions de kilomètres carrés et 5 millions et demi d'habitants. Ceux des villes sont russes et chrétiens grecs; les autres, appartenant aux peuplades Samoyèdes Iakoutes, Toungouses, Tchouktchis, Kamschatkadales, Kirghiz, Kalmouks et Tatares, sont idolâtres pour la plupart. — Le climat est rude, les fourrures forment la principale production commerciale.

L'Asie russe se divise en deux parties distinctes : la *Russie du Caucase* ou *Transcaucasie*, et la *Sibérie* avec le *Turkestan russe*.

§ I. — RUSSIE DU CAUCASE ou TRANSCAUCASIE (1).

47. Géographie physique. — *Position*. — *Limites*. — La Russie du Caucase ou Transcaucasie est séparée au N. par la chaîne du Caucase de la Russie Européenne, et se trouve comprise entre les 38e et 43e degrés de latitude N. et les 36e et 48e degrés de longitude E. — Elle a pour limites la mer Noire à l'O., la mer Caspienne à l'E., et les provinces

(1) Consulter, dans mon *Atlas historique et géographique à l'usage des Collèges*, la carte de l'Asie et de la Russie d'Europe.

de la Turquie d'Asie et de la Perse au S. — Elle a 200,000 kilomètres carrés d'étendue.

Montagnes. — Fleuves. — La Transcaucasie occupe la plus grande partie de l'isthme compris entre la mer *Noire* et la mer *Caspienne*, qui forme sur ces côtes le golfe de *Kigil-Agatch*, au S. de la presqu'île *Apchéron*. Cette contrée est couverte tout entière par la vaste chaîne du *Caucase* (*Iedz-Bouz*, crinière de glace), à laquelle doit son nom toute cette partie de la Russie asiatique. Cette chaîne, qui lui sert de limite au N. et qui projette sur la mer Caspienne une presqu'île terminée par le cap *Chakhov*, est une des plus hautes et des plus majestueuses de l'ancien continent, et un grand nombre de ses sommets sont couverts de neiges perpétuelles. L'*Elbrouz* a 5,600 m. et le *Kasbeck*, 5,000 m. Les passages qui la traversent sont rares et difficiles ; le plus fréquenté est celui du *Dariel* ou Pyles caucasiennes. Le Caucase donne naissance à une foule de *fleuves* dont les plus considérables sont : le *Kour*, qui se rend dans la mer Caspienne, grossi des eaux de l'*Aras*, qui sert de déversoir au grand lac *Goktcha*, du *Sebanga* et d'une foule d'autres affluents. — La mer Noire reçoit le *Rioni* (Phase).

48. GÉOGRAPHIE POLITIQUE. — **DIVISIONS ET VILLES PRINCIPALES.** — La Transcaucasie forme quatre gouvernements qui portent les noms de leurs capitales, et dans lesquels sont comprises quelques petites contrées occupées par des montagnards peu soumis. — Ses villes principales sont : TIFLIS, sur le Kour, ancienne capitale du royaume de *Géorgie* et maintenant résidence du gouverneur général des provinces du Caucase, et capitale de la province de son nom (33,000 hab.); — DERBENT, sur la mer Caspienne, au N. E. de Tiflis, la ville la plus importante de l'ancienne province persane du *Daghestan;* — BAKOU. au S. E. de Derbent, l'un des ports les plus commerçants de la mer Caspienne, célèbre par les nombreuses sources de naphte de ses environs. Les adorateurs du feu y ont des temples;—CHAMAKIE, au N. O. de Bakou, et, comme elle, dans la province du *Chirvan* enlevée par la Russie à la Perse, capitale de la province qui porte son nom; — AKHALTSIKHÉ, à l'O. de Tiflis, ville importante, défendue par une bonne citadelle, et chef-lieu d'un ancien pachalick turc cédé à la Russie par la Turquie, à la suite de la guerre qui s'est terminée en 1829; — ERIVAN, au S. E. d'Akhaltsikhé, ancienne capitale de l'*Arménie persane*. Au S. O. se trouve le mont *Ararat* (*Agri-Dagh*), sur lequel s'ar-

rêta, à ce que l'on croit, l'arche de Noé ; — KOUTAÏS, dans l'*Imérélie*, capitale du gouvernement de son nom, qui comprend le *Gouriel*, la *Mingrélie* et l'*Abasie*, provinces situées le long de la mer Noire, et dans lesquelles se trouvent quelques ports fortifiés, dont SOUKHOUM-KALÉ et ANAPA sont les plus importants.

49. NOTIONS DIVERSES. — *Population*. — *Religion*. — *Climat*. — La Russie du Caucase se compose des Etats de plusieurs petits souverains détrônés par les Russes, et parmi lesquels celui de·Géorgie était le plus remarquable, et de provinces successivement enlevées par la force des armes à la Perse et à la Turquie. La population, qui est d'environ 2 millions d'individus, se compose de *Géorgiens*, qui présentent le plus beau type de la race blanche, d'*Arméniens*, de montagnards *Lesghiz* adonnés au brigandage, et de quelques *Turcs* et *Tatares*. Les premiers sont chrétiens, et appartiennent à l'Eglise arménienne, dont le patriarche réside au couvent célèbre d'*Etchmiadzin*, près de la ville d'Erivan, dans la portion de l'Arménie enlevée par les Russes aux Persans, dans la guerre de 1828; la plus grande partie du reste suit la religion musulmane. — Le climat est salutaire presque partout, et de riches vallées produisent la vigne, l'olivier et tous les fruits de l'Asie. — La Transcaucasie est administrée d'une façon absolue par un gouverneur général.

§ II. — SIBÉRIE ET TURKESTAN RUSSE.

50. GÉOGRAPHIE PHYSIQUE. — *Position*. — *Limites*. — *Etendue*. — La Sibérie qui voit son étendue s'accroître chaque jour, grâce aux acquisitions faites par la Russie aux dépens de la Chine et du Turkestan, occupe toute la partie septentrionale de l'Asie, dans une longueur de 5,800 kilomètres, de l'O. à l'E., sur 3,000 de largeur, du N. au S. — Comprise entre les 40e et 79e degrés de latitude N. et entre le 49e degré de longitude E. et le 176e de longitude O., elle est bornée au N. par l'Océan Glacial Arctique; à l'O. par le fleuve Kara et les monts Poyas ou Ourals, qui la séparent de la Russie d'Europe; au S. par le Turkestan indépendant et l'Afghanistan, la Mongolie et la Mandchourie chinoise; et à l'E. par le détroit de Behring, et les mers d'Okhotsk et du Japon.

Mers. — *Fleuves*. — *Montagnes*. — L'*Océan*

Glacial Arctique forme, sur les côtes de la Sibérie, les golfes de l'*Ob*, de l'*Iénisséï* et de *Kolima ;* il baigne les caps *Sévéro-Vostochnoï*, le plus septentrional de l'Asie, et *Oriental* sur le *détroit de Berhing*, qui joint l'Océan Arctique à la *mer de Berhing*. Cette mer, qui forme le golfe d'*Anadyr*, est séparée de la mer d'*Okhotsk* par la longue presqu'île du *Kamtschatka*, terminée par le cap *Lopatka*. Cette presqu'île peu connue est traversée dans toute sa longueur par une chaîne de montagnes où l'on distingue entre autres le volcan de *Klioutchefskoï*. La mer d'Okhostk communique par le grand détroit ou *Manche de Tarrakaï*, qui sépare l'île du même nom de la Mandchourie russe, avec la *mer du Japon* qui termine la limite orientale de la Sibérie. — Les **montagnes** sont : les monts *Ourals*, à l'O., qui séparent la Sibérie de l'Europe ; les monts *Altaï*, *Tang-nou*, *Terek-Dagh*, *Kanteï*, *Bolor*, etc., qui forment la limite méridionale, et qui envoient à l'intérieur les chaînes des monts *Yablonoï*, *Stavonoï* et *Adam* qui se prolongent jusque vers le détroit de Berhing, où ils vont marquer le point de séparation des versants du N. et du S. de l'Asie. — A l'O. et au N. de ces montagnes, la Sibérie forme une immense plaine marécageuse traversée par des fleuves nombreux et considérables, savoir : l'*Ob*, qui reçoit l'*Irtych*, grossi de l'*Ichim* et du *Tobol*, et qui va tomber dans le profond golfe auquel il donne son nom ; — L'*Iénisséï*, grossi des trois *Toungouska ;* la Toungouska supérieure ou *Angara* sort du lac *Baïkal*, le plus grand de la Sibérie, lequel reçoit la *Selinga*. — L'*Anabara* et l'*Olenek*, beaucoup moins considérables que les précédents. — La *Léna*, grossie du *Vilioui* et de l'*Aldan*, doit son nom à la lenteur de son cours qui atteint, comme l'Iénisséï, plus de 3,500 kilomètres ; enfin l'*Inguidirka* et la *Kolima* sont les derniers tributaires de l'Océan Glacial. — La mer de Berhing reçoit l'*Anadyr ;* la Manche de Tarrakaï, le grand fleuve *Amour* ou *Sahalin*, qui porte le nom d'*Argoun* dans son cours supérieur, et reçoit près de son embouchure la grande rivière *Soungari*.

Iles. — Les îles qui se rattachent à la Sibérie sont : — 1° La **Nouvelle-Sibérie** ou les îles *Liaïkhov*, découvertes par le navigateur de ce nom, au N. de l'embouchure de la Léna ; — 2° les **Kouriles**, formant une chaîne de 21 petites îles, dont 14 seulement sont habitées ; elles s'étendent de la pointe S. du Kamtschatka aux îles du Japon, et appartiennent à la Russie et en partie au Japon. *Onkolan* et *Ouroup* ont les principales Kouriles russes ; — 3° la grande île de

Tarrakaï ou *Séghalien*, située à l'E. de la Mandchourie dont elle est séparée par le détroit ou Manche de Tarrakaï. Elle est au Nord du Japon et séparée de l'île de Yesso par le détroit de *La Pérouse*. Partagée jadis entre la Chine et le Japon, elle appartient aujourd'hui en entier à la Russie.

51. GÉOGRAPHIE POLITIQUE. — DIVISIONS. — VILLES PRINCIPALES. — La plus grande partie du *Turkestan* est aujourd'hui soumise à la Russie ; les contrées voisines de la mer Caspienne et du lac d'Oural forment un gouvernement. (Voir nᵒˢ 32 et suivants).

La *Sibérie* se divise en quatre gouvernements et sept territoires. — 1° Gouvernement de *Tobolsk* (1,106,000 habitants.), porte le nom de son chef-lieu, situé près du confluent du Tobol et de l'Irtych, la ville la plus peuplée de toute la Sibérie et la résidence du gouverneur général (30,000 hab.) ; — 2° Gouvernement de *Tomsk* (717,000 hab.), le plus riche en or de tout l'ancien continent. Le chef-lieu qui lui donne son nom est bâti sur un affluent de l'Ob ; — 3° le gouvernement d'*Iénisséisk* (323,000 hab.), chef-lieu KRASNOÏARSK, sur l'Iénisséi ; — 4° le gouvernement de la *Sibérie orientale* (366,000 hab.), chef-lieu IRKOUTSK, près du lac Baïkal, et l'entrepôt du commerce qui se fait par caravane avec la Chine.

Les sept territoires sont : 1° le *Transbaïkalien*, (352,000 hab.), à l'E. du lac Baïkal, chef-lieu TCHITA ; — *Nertchinsk*, à l'E., a, dans ses environs, des mines d'argent où l'on fait travailler les exilés de la Russie ; — 2° le *territoire d'Iakoutsk* (230.000 hab.), au N. O. du précédent, immense province qui s'étend jusqu'à l'Océan Glacial et comprend le pays de *Thouctchis*, chef-lieu IAKOUTSK, sur la rive gauche de la Léna, au centre de la contrée occupée par les *Iakoutes*, qui paraissent descendre des Tatares ; — 3° le *territoire du Littoral* (35,000 hab.), comprenant le *Kamtschatka*, le district d'*Okhotsk*, l'embouchure de l'Amour et le littoral au S., le long de la mer du Japon jusqu'au golfe de Pierre le Grand, limite de l'empire russe. Villes remarquables, OKHOTSK, chantier de constructions, sur la mer à laquelle elle donne son nom ; — PÉTROPAULOVSKI ou *Saint-Pierre-et-Saint-Paul*, port au S. du Kamtschatka, est la ville la plus considérable de ce district. Le commerce des fourrures, le principal de la Sibérie, rend ces villes assez importantes. — NICOLAJEWSK sur l'Amour ; près de son embouchure, arsenal maritime ; — 4° le *territoire de l'Amour*, au S. O.,

(30.000 hab.), comprenant la province située sur la rive gauche de ce fleuve jusqu'aux monts Stanovoï, acquise sur la Chine par le traité de 1858, chef-lieu BLAGOVECTCHINSK, au confluent de la Zeya ; — 5° le *territoire de Semipalatinsk* (398,000 hab.), au S. du gouvernement de Tomsk, chef-lieu SÉMIPALATINSK, sur l'*Irtych* ; — 6° le *territoire des Kirghises de Sibérie*, au S. O. (287,000 hab.), comprenant le pays de la Grande Horde et du lac Issi-Koul ; 7° le *territoire des Kirghises d'Orenbourg,* au N. du précédent, comprenant la Petite Horde (800,000 hab.).

52. NOTIONS DIVERSES. — *Population.* — *Religion.* — *Climat.* — La Sibérie avec le Turkestan occupe plus de 15 millions et demi de kilomètres carrés, c'est-à-dire près du tiers de l'Asie ; mais elle n'a qu'une population relativement très-faible, car on ne l'évalue pas à plus de 5 millions et demi d'habitants. Les habitants des villes, qui sont russes en grande partie, suivent la religion chrétienne grecque. Le reste de la population se compose d'un grand nombre de tribus indigènes et fort peu civilisées, parmi lesquelles nous nommerons les *Samoyèdes* et les *Iakoutes* au N., sur les côtes de l'Océan Glacial, vivant misérablement de leur pêche et de leur chasse dans ces contrées glacées ; les *Toungouses* au centre, dans la vallée de la Léna, les *Tchouktchis* au N. E., les *Kamtschatkadales* dans la péninsule de ce nom ; les *Kirghiz* au S. O., quelques *Kalmouks* sur les limites de la Russie d'Europe, et enfin, à l'autre extrémité de la Sibérie, des *Tartares Mandchoux* dans la vaste province de Mandchourie, que les Russes se sont fait céder dernièrement par la Chine, et dont les limites touchent à la presqu'île de Corée. — La plus grande partie de ces peuplades est brahmaniste ou idolâtre ; quelques mahométans seulement se trouvent au S. et au S. O. — Le climat est froid et les étés fort courts dans toute la Sibérie : tout le nord est couvert de marais presque toujours glacés, et de déserts immenses ; le midi est généralement fertile ; les montagnes de l'O. et du S. E. renferment de riches mines d'argent, de fer, d'aimant et de cuivre. Les belles fourrures sont le principal objet du commerce de ce pays.

QUESTIONNAIRE. — § Ier. 47. Comment se divise la Russie d'Asie ? — Quelles sont les bornes et l'étendue de la Russie du Caucase ? — Exposez la géographie physique de cette contrée. — 48. Comment se divise la Russie du Caucase ? — Quelles en sont les villes principales ? — 49. Quelles sont la population et la religion de la Transcaucasie ? — 50. Quelles sont les bornes, la situation et l'étendue de la Sibérie ? —

Quelles mers la baignent ? — Quels caps et quels golfes y distingue-t-on ?
— Quels sont les fleuves qui l'arrosent ? — Faites connaître ses principales chaînes de montagnes ? — Quel volcan y remarque-t-on ? —
Quelles îles s'y rattachent ? — 51. Comment se divise la Sibérie ? —
Quelles en sont les provinces et les villes principales ? — 52. Faites
connaître la population générale de la Sibérie. — Nommez les principales peuplades indigènes. — Faites connaître leur religion.

CHAPITRE CINQUIÈME

ASIE ANGLAISE.

—

POSSESSIONS DE LA FRANCE ET DU PORTUGAL
DANS L'INDE.

—

SOMMAIRE.

53. L'Asie anglaise comprend presque tout l'Hindoustan et une partie de l'Indo-Chine; l'île de Périm et Aden en Arabie, et l'île de
Hong-Kong, en Chine.

§ 1er. **54.** L'Hindoustan, situé au S. O. de l'Asie, est borné au N. par
le Boutan et le Tibet; au N. O. par l'Afghanistan et le Béloutchistan, à l'O. par le golfe d'Oman, au S. par la mer des Indes, à
l'E. par le golfe du Bengale et l'Indo-Chine. — L'Hindoustan
est baigné par la mer des Indes, qui forme à l'O. les golfes
d'Oman, de Kotch et de Cambaye autour de la péninsule du
Goudjerate; au S. s'avance le cap Comorin, qui touche le golfe
de Manaar et le détroit de Palk; à l'E. est le golfe du Bengale. —
Les fleuves de l'Hindoustan sont : à l'O. l'Indus, qui reçoit le Pendjab et le Kaboul; à l'E. le Cavery, le Kistnah, le Godavery et le
Mahanady; le Gange, qui reçoit la Djemnah, et enfin le Brahmapoutre, au N. — Les Montagnes sont les chaînes de l'Himalaya, au
N., et des Ghates, à l'O. — Il faut citer les îles de Ceylan, les
Maldives et les Lakedives.

55. L'Hindoustan se divise en contrées indépendantes, possessions anglaises, contrées tributaires, et possessions françaises et portugaises.

56. Les Etats indépendants sont : 1° le Sindhyah, villes princ. Goualior et Oudjein ; 2° le Nepal, cap. Katmandou ; 3° le Kachmyr, cap.
Sirinagor.

57. Les possessions anglaises immédiates comprennent quatre présidences : 1° celle du Bengale, villes principales Calcutta, capitale
de l'Inde anglaise; Dakka, Mourchidabad, Patna, Djaggernat. —

2° Celle d'Agrah ; villes remarq.: Agrah, Delhi, Bénarès, Mirzapour, Allahabad, Lahore et Peïchawer. — 3° La présidence de
Bombay, villes remarq. : Bombay, Ahmedabad, Cambaye,
Surate, Pounah, Bedjapour. — 4° La présidence de Madras ; villes
remarq. : Madras, Seringapatam, Calicut, Cochin, Tritchi-
napaly, Tuticorin ; — 5° le gouvernement de l'île de Ceylan, cap.
Colombo.

58. Les possessions médiates s'étendent chez les Mahrattes (cap.
Baroda et Indoure) ; chez les Radjpoutes (Odeïpour, Djoudpour) ;
dans le Nizam (cap. Haïderabad) ; dans le Maïssour, le Travankore
et le Béloutchistan (cap. Kélat).

59. Les Indes ont environ 177 millions d'habitants, dont 130 millions
sont soumis directement aux Anglais. Le brahmanisme et le bouddhisme comptent 130 millions d'adhérents, le mahométisme 46, le
christianisme 1 million et demi. Les Hindous se divisent en castes,
dont les prêtres forment la première, et les parias la dernière. —
Le climat est varié par le voisinage des monts Himalaya et des
grands fleuves de l'Indus et du Gange. La végétation y est riche
et puissante. Les produits sont le vin, le sucre, le coton et les
pierres précieuses. Les animaux féroces y sont en grand nombre.

§ II. 60. L'Indo-Chine anglaise a environ 12 millions d'habitants ;
elle se compose : du royaume-d'Assam, villes principales Djorhat
et Rangpour ; des provinces d'Arakan, de Martaban, de Yé, de
Tavaï, de Pégu et de Ténassérim, avec des villes principales portant le même nom, et Amhers-Town ; du gouvernement des détroits
du Malakka anglais, ville principale Malakka, avec les îles du
Prince de Galles, capitale Georges-Town, et de Singapour.

61. L'Angleterre possède en outre l'île de Hong-Kong et des comptoirs en Chine, l'île de Périm et celle de Socotora, près de l'A-
rabie.

§ III. 62. Les Français possèdent dans l'Hindoustan cinq établissements peuplés de 230,000 individus : Mahé, sur la côte de Mala-
bar· Karikal et Pondichéry, capitale des établissements, sur la
côte de Coromandel ; Yanaon, sur celle d'Orissa, et Chandernagor,
dans le Bengale.

63. Dans l'Indo-Chine, les Français possèdent la Basse Cochinchine,
chef-lieu Saïgon ; villes remarq. : Mitho et Vinh-Long. Leur protectorat est établi sur le Royaume de Kambodge, cap. Oudon.

§ IV. 64. Les Portugais possèdent l'île Diu, sur la côte de Goudjerate ; Daman, port à l'E. du golfe de Cambaye ; Goa, sur la côte
de Konkan, est la capitale de leurs possessions, qui renferment
450,000 habitants. — Ils possèdent Macao en Chine.

55. Divisions générales de l'Asie anglaise. —
L'Asie anglaise comprend diverses possessions : 1° Dans ces
deux vastes péninsules qui forment la partie méridionale de
l'Asie, et que l'on nomme les *Indes orientales*, l'Angleterre
possède de nombreux établissements qui occupent à peu près
en entier l'*Hindoustan* avec le *Béloutchistan*,
et une partie de l'*Indo-Chine* ; 2° l'île de *Périm* et

3

Aden, à l'entrée des golfes Arabique et Persique; 3° l'île de *Hong-Kong*, sur les côtes de la Chine.

§ I. HINDOUSTAN (1).

54. Géographie physique. — *Position*. — *Limites*. — *Étendue*. — La grande péninsule de l'Hindoustan s'étend, en y comprenant les îles qui en dépendent, depuis le 5ᵉ jusqu'au 34ᵉ degré de latitude N., et depuis le 65ᵉ jusqu'au 89ᵉ degré de longitude E. — Elle est bornée au N. par les provinces chinoises du Boutan et du Tibet; au N. O., par l'Afghanistan et le Béloutchistan; à l'O. par le golfe d'Oman; au S., par la mer des Indes; à l'E., par le golfe du Bengale et l'Indo-Chine. — Elle a 3,550,000 kilomètres carrés de superficie.

***Mers*.** — L'Hindoustan est baigné par la *mer des Indes*, au milieu de laquelle il s'avance comme une vaste péninsule à peu près triangulaire. Cette mer forme sur la côte occidentale le golfe d'*Omán*, qui forme lui-même ceux de *Kotch* et de *Cambaye*, qui environnent la presqu'île de *Goudjerate*. — Au S., entre l'extrémité de l'Hindoustan qui se termine par le cap *Comorin* et l'île de Ceylan, l'Océan forme le golfe de *Mannaar* qui devient ensuite le détroit de *Palk*. Entre le golfe et le détroit, depuis la côte de l'Hindoustan jusqu'à l'île, s'étend une suite de bancs de sable et de rochers qui a reçu le nom de *Pont d'Adam;* enfin, à l'E. de l'Hindoustan, la mer des Indes forme le golfe du *Bengale*.

Les principaux ***fleuves*** de l'Hindoustan sont : à l'O., le *Sind* ou *Indus*, qui sort des monts Himalaya, arrose le N. O. de l'Hindoustan et tombe dans le golfe d'Oman, après un cours de 3,000 kilomètres dans lequel il reçoit à droite le *Kaboul* et à gauche le *Pendjab* ou *Tchinnaou*, formé lui-même par la réunion du *Tchénab*, grossi du *Djélem* et du *Ravy*, et du *Setledge* ou *Gurrah*, grossi de la *Beyah*. Le *Pendjab* (cinq rivières) a donné son nom au pays qu'il arrose (n° 57). — La *Nerbouddah* tombe dans le golfe de Cambaye. — Le *Cavery*, la *Kistnah* et le *Godarery*, fleuve que les Hindous vénèrent comme sacré, et le *Mahanady*, sortent de la chaîne des *Ghâtes* et tombent dans le golfe du Bengale, après avoir arrosé le sud et le centre de l'Hindoustan. — Le *Gange*, sorti des plus hau-

---

(1) Consulter, dans mon *Atlas historique et géographique à l'usage des lèges*, la carte de l'INDE et INDO-CHINE.

tes montagnes de l'Himalaya, fleuve sacré, vénéré par les Hindous ; il reçoit un grand nombre d'affluents, dont les principaux sont : la *Djemnah* à droite, et à gauche le *Goumty*, le *Gograh*, et la *Tistah*. Le Gange se divise, bien avant de tomber dans le golfe du Bengale, en un grand nombre de bras, dont le principal, à l'O., se nomme l'*Hougly*. Ce fleuve est sujet, comme le Nil, à des débordements périodiques qui fertilisent les terres. — Le *Brahmapoutre*, dont nous avons déjà parlé (n° 13), mêle ses embouchures à celles du Gange.

Les *Montagnes* de l'Hindoustan sont : au N., la vaste chaîne de l'*Himalaya*, déjà décrite (n° 5). Une autre chaîne, qui se détache de celle-ci, descend du N. au S., le long de la côte occidentale de l'Hindoustan ; elle porte le nom de *Ghâtes* occidentales jusqu'au cap Comorin ; cette chaîne se continue alors en se recourbant vers le N. et suit une partie de la côte orientale ; mais elle y est bien moins considérable que sur la côte occidentale. La chaîne occidentale partage l'Hindoustan en deux versants de climats tout-à-fait opposés, dont celui de l'O. n'a que de très-faibles cours d'eau à cause du voisinage des montagnes, tandis que le versant E. donne naissance à plusieurs fleuves que nous avons nommés plus haut.

Iles. Les îles qui se rattachent à l'Hindoustan sont d'abord la grande île de *Ceylan* (v. n° 57).

Les autres îles qui dépendent de l'Hindoustan sont : — les *Lakedives*, au S. O. de la côte de Malabar ; elles sont au nombre de 42, divisées en deux groupes et gouvernées par un souverain vassal des Anglais. La plus considérable se nomme *Calpeny*. — Les *Maldives*, au S. des Lakedives, gouvernées par un prince indépendant ; elles tirent leur nom de *Male*, résidence du souverain, et qui prend le titre de sultan, quoique la plus grande n'ait que 10 kilomètres de tour. Elles sont, dit-on, au nombre de 12,000, divisées en groupes nommés *Attolons*, et environnées de rochers. Elles produisent de l'ambre gris, du corail noir et des *cauris*, espèce de coquillage qui sert de monnaie dans l'Inde, où un sac de douze mille de ces coquillages vaut de 5 à 6 francs.

55. GÉOGRAPHIE POLITIQUE. — DIVISION DE L'HINDOUSTAN. — L'Hindoustan est divisé en cinq parties différentes : 1° Les *Contrées indépendantes* ; 2° les *Possessions anglaises* ; 3° les pays alliés et tributaires ou *Possessions médiates* de l'Angleterre ; 4° et 5° les petites *Possessions* des *Français* et des *Portugais*.

CONTRÉES INDÉPENDANTES.

56. POSITION ET VILLES PRINCIPALES. — Les contrées de l'Hindoustan qui ont jusqu'à ce jour échappé à la domination anglaise, sont peuplées d'environ 3 millions d'individus et situées au N. O., ce sont : 1° le *Sindyah*, composé de plusieurs districts séparés les uns des autres et environnés de tous côtés par les possessions anglaises. Villes principales : GOUALIOR, dominée par une forteresse qui servait aux Grands-Mogols de prison d'État pour les membres de leur famille; elle a remplacé en 1810, dans la dignité de capitale, OUDJEÏN, ville célèbre dans l'Inde par ses écoles et son observatoire. — 2° Le *Nepal*, situé au N., le long de la chaîne de l'Himalaya, contrée sauvage qui a pour capitale KATMANDOU. — 3° L'État de *Kachemyr*, au N. O. du précédent; capitale, SIRINAGOR, dans une magnifique vallée, célèbre par la douceur de sa température et par les châles qu'on y fabrique (60,000 hab.).

POSSESSIONS ANGLAISES.

57. DIVISION. — Les contrées soumises aux Anglais ou *Possessions immédiates* sont divisées en quatre *Présidences :* celle du *Bengale* ou de *Calcutta*, à l'E.; celle d'*Agrah*, au N.; celle de *Bombay*, à l'O., et celle de *Madras*, au S., et le gouvernement de l'île de *Ceylan.*

Présidence du Bengale. — La Présidence du Bengale ou de l'Hindoustan oriental occupe le fond du golfe qui porte son nom; ses principales villes sont : CALCUTTA, sur l'Hougly, branche occidentale du Gange, dont les bras fort nombreux arrosent, avec ceux du Brahmapoutre, le riche et florissant royaume du *Bengale*, situé au fond du golfe auquel il donne son nom; cette ville, qui en était la capitale, est devenue celle de tout l'Hindoustan anglais, le siége du gouvernement général et l'une des villes les plus commerçantes et les plus riches du monde. Sa population, que l'on porte à 1,600,000 âmes, en y comprenant celle de ses environs, ne s'élève, dit-on, pour la ville elle-même, qu'à environ 400,000, dont 15,000 chrétiens. — DAKKA (200,000 hab.) et MOURCHIDABAD, sur deux autres bras du Gange, et qui ont été toutes deux capitales du Bengale; la dernière est encore la résidence de l'ancien souverain ou Nabab de ce pays, auquel les Anglais font une pension. — SERAMPOUR, au N. O. de Calcutta, ancienne colonie danoise, importante par son commerce, vendue à l'Angleterre en 1845. — PATNA, beaucoup plus au N. O., capitale du *Bahar*, ville très-commerçante et peuplée de 312,000 habitants. — DJAGGERNAT, dans l'*Orissa*, près de la côte orientale de la Péninsule, célèbre par le nombre, aujourd'hui bien diminué, de pèlerins qu'y attiraient trois temples célèbres dans l'Inde, et où se trouvaient accumulées de grandes richesses.

Présidence d'Agrah. — Les principales villes de la Présidence d'Agrah ou de l'Hindoustan septentrional sont : — AGRAH, sur la Djemnah (100,000 habitants), ancienne résidence du Grand-Mogol. — DELHY (1), ville magnifique, au N. O., sur la même rivière (280,000 habitants). — LUKNOW, au S. E. d'Agrah, sur le Goumty, capitale du royaume d'*Oude*, réuni en 1856 aux possessions anglaises ; grande et belle ville, célèbre par un siége que les Anglais y soutinrent pendant l'insurrection de 1857 (300,000 hab.). — BÉNARÈS, plus au S. E., sur le Gange, la ville sacrée et savante des Hindous, l'une des plus belles, des plus commerçantes et la plus peuplée de l'Inde (300,000 hab.). — MIRZAPOUR, un peu plus au S. O., ville industrieuse et commerçante (200,000 hab.). — CAWNPOUR, sur le Gange, avec des établissements militaires, a été en 1857 le théâtre d'un affreux massacre des Européens par les cipayes rebelles. — ALLAHABAD, au confluent de la Djemnah et du Gange ; c'est aussi une des cités saintes des Hindous, et la ville la mieux fortifiée de l'Hindoustan. — Au N. E. de cette province se trouve le *Pendjab* (cinq rivières), vaste 'contrée réunie à cette Présidence, et dont les villes principales sont : LAHORE, capitale, sur le Ravy, affluent de l'Indus (100,000 hab.). — AMRETSYR, à l'E., la cité sacrée des Sheiks qui habitent le pays (100,000 hab.). — MOULTAN, sur le Tchenab, au S. O.; et enfin, au N. O., PEÏCHAWER, forteresse dans une belle vallée enlevée aux Afghans (60,000 hab.).

Présidence de Bombay. — Les principales villes de la Présidence de Bombay ou de l'Hindoustan occi-

(1) Par suite de la révolte qui a éclaté dans les Indes, en 1857, parmi les *cipayes* ou soldats indigènes à la solde de la Compagnie des Indes, le Grand-Mogol, qu'ils avaient mis à leur tête, a été fait prisonnier dans Delhy, enlevée de vive force par les Anglais, après un siége long et difficile, depuis lequel la ville a beaucoup perdu de son importance.

dental sont : — BOMBAY, dans la petite île de son nom, voisine de la côte; cette capitale, défendue par une bonne citadelle, doit à son port, le meilleur de cette côte, l'avantage d'être la ville la plus commerçante de l'Inde et l'arsenal de la marine anglaise en Asie (253,000 hab.). — AHMEDABAD, au nord de Bombay, dans le *Goudjerate*, une des plus grandes villes de l'Inde. — CAMBAYE, au fond du golfe de son nom. — SURATE, près de la côte orientale du golfe de Cambaye, grande ville manufacturière, à laquelle Bombay a enlevé une bonne partie de sa prospérité. — POUNAH, au S. E. de Bombay, dans le *Konkan*, ville grande et bien bâtie, mais bien déchue depuis qu'elle a cessé, en 1818, d'être la résidence du Peichwa, ou chef de la confédération des *Mahrattes*, l'un des peuples qui ont défendu avec le plus de gloire la liberté de l'Inde contre les Anglais. — BEDJAPOUR, au S. E. de Pounah, ancienne capitale, aujourd'hui bien déchue, d'un puissant royaume mahométan, auquel elle donnait son nom, et dans les environs de laquelle on trouve de riches mines de diamants.

Présidence de Madras. — Les principales villes de la Présidence de Madras ou de l'Hindoustan méridional sont : — MADRAS, sur la *côte de Coromandel*, dans le *Karnatic*, capitale, ville très-importante par ses manufactures, son commerce et sa population, qui est de 500,000 âmes. — MASULIPATAM, au N. E. de Madras, le meilleur port de la côte de Coromandel; ville importante par ses nombreuses manufactures d'indiennes. — NAGPOUR, au N. O., dans le *Goundwana*, autrefois capitale d'un royaume Mahratte (80,000 hab.). — SÉRINGAPATAM, au S. O. de Madras, qui ne mérite d'être citée que parce qu'elle a été la capitale du dernier sultan de Maïssour, Tippô Saheb, tué en combattant contre les Anglais, qui prirent cette ville d'assaut en 1799; sa population, qui était alors de 150,000 hab., ne s'élève plus à 30,000. — CALICUT, au S. O. de Seringapatam, port commerçant de la *côte de Malabar*, le premier des Indes où aborda Vasco de Gama, qui fut reçu par le Zamorin, ou empereur du Malabar. — TUTICORIN, au S. O., sur le golfe de Manaar, où l'on pêche les plus belles perles de l'Orient, dont cette ville fait le commerce. — TRITCHINOPOLY, au N. E. de Tuticorin, dans l'intérieur, l'un des postes militaires les plus importants établis dans l'Hindoustan par les Anglais. — TRANQUEBAR, plus au N. E. encore, port sur la côte de Coromandel et ancien chef-lieu des Possessions danoises dans l'Hindoustan, achetées par les Anglais en 1845.

Gouvernement de Ceylan. — Villes principales. — L'île de Ceylan, située au S. E. du cap Comorin, vis-à-vis de la partie de la côte de l'Hindoustan appelée côte de la Pêcherie, à cause de la pêche des perles, a appartenu successivement aux Portugais, aux Hollandais et aux Anglais, qui en ont achevé la conquête sur les naturels, appelés *Chingulais*, en 1819. On y trouve une montagne élevée, nommée le *Pic d'Adam*, lieu célèbre de pèlerinage dans l'Inde. Les principales villes sont : — KANDY, au N. du Pic d'Adam, et presque au centre de l'île, dont elle est l'ancienne capitale. — KOLOMBO, au S. O., belle ville, bâtie par les Portugais, et la capitale actuelle de l'île. — TRINKEMALÉ, au N. E., excellent port dans la partie la plus fertile et la plus belle de l'île.

PAYS ALLIÉS OU TRIBUTAIRES.

POSSESSIONS MÉDIATES.

58. CONTRÉES. — VILLES PRINCIPALES. — Les principaux États vassaux de l'Angleterre sont : — Le *Radjpoutana*, ainsi nommé parce qu'il est habité par les Radjpoutes, une des nations les plus considérables et les plus guerrières de l'Hindoustan. Les souverains les plus importants de cette nation résident à DJEIPOUR, au N. O.; à DJEDPOUR, dans le Marwar, à l'O., et à ODEYPOUR, dans le Mewar, au S.

Les *Royaumes Mahrattes*, 1° de la dynastie d'*Holkar*, au N. E., dans le *Malwah*, célèbre par l'opium qu'il produit, capitale INDOURE ; — 2° de la dynastie de *Guykavar*, au S. O., qui possède une partie du Goudjerate, avec BARODA pour capitale (100,000 habitants).

Le *Royaume du Nizam*, qui comprend une grande partie du *Dekkan*, et qui est peut-être le plus ancien royaume de l'Hindoustan. La capitale est HAÏDERABAD, grande ville peuplée de 200,000 habitants. — GOLCONDE, située au N. O. de cette ville, est célèbre par le commerce qu'elle fait des diamants fournis par les mines des environs. — AURENGABAD, au N. O., grande ville en décadence, est voisine des magnifiques temples d'Ellore.

Le *Mysore* ou *Maïssour*, avec une capitale du même nom, a perdu sa principale ville, Séringapatam, qui appartient aux Anglais.

L'État de *Travankore* et de *Cochin*, le plus méridional de l'Hindoustan, et dont COCHIN est la ville la plus importante.

Le **Béloutchistan,** au N. O. de l'Hindoustan, est regardé comme possession médiate des Anglais. Ce pays, qui s'étend à l'O. jusque vers le 55ᵉ degré de longitude, se compose de l'ancienne province persane du **Mékran.** — Il est peuplé d'environ 2 millions d'habitants *Béloutchys* et *Brahouis,* qui obéissent à des khans ; ceux-ci reconnaissent la souveraineté de celui de KÉLAT, ville située au N. E., chef-lieu de la province de *Sarawan,* et résidence d'été d'un khan qui a reconnu la suzeraineté de l'Angleterre. — GONDAVA, au S. E. de Kélat, et presque aussi considérable, est la résidence d'hiver du souverain.

59. NOTIONS DIVERSES. — *Population.* **—** *Religion.* — Les vastes possessions des Anglais dans les Indes dépendaient jadis de la souveraineté du Grand-Mogol. Pendant longtemps depuis, elles furent gouvernées par une société de marchands de la cité de Londres, qui se nommait la *Compagnie des Indes.* En 1857, le gouvernement anglais dut envoyer une armée pour soumettre les soldats indigènes que la Compagnie entretenait sous le nom de *cipayes,* et qui s'étaient en grande partie soulevés ; à la suite de cette intervention, la Compagnie résigna ses pouvoirs, et l'autorité de la métropole s'exerça directement par un gouverneur général. — Sur les 177 millions d'habitants de l'Hindoustan, plus de 130 millions se trouvent dans les possessions anglaises, et 44 millions dans les Etats qui sont leurs alliés ou leurs tributaires (y compris le Béloutchistan); 3 millions au plus restent indépendants. — Les religions dominantes dans l'Hindoustan sont : le *Brahmanisme,* professé par 80 millions d'individus ; le *Bouddhisme,* par 50 millions au moins ; le *Mahométisme,* par plus de 46 millions ; le *Christianisme,* par un million et demi au plus, la plupart Européens ou descendants des Européens; car on a toujours éprouvé les plus grandes difficultés à la conversion des Hindous. — Il existe parmi eux une division fondée sur des croyances religieuses : c'est la division par *castes* ou classes, qui ne se confondent jamais, et parmi lesquelles on distingue celle des *Brahmes,* ou prêtres, qui tiennent le premier rang ; celle des guerriers, celle des laboureurs, celle des artisans, etc. Une dernière, nommée la caste des *Parias,* regardée comme impure, est exclue des villes et des temples, et vit dans le mépris et l'abjection.

Climat. **—** *Productions.* —L'immense étendue de l'Hindoustan et la grande variété que présente l'aspect de cette contrée y produisent une grande diversité de climats et de températures. Au N., dans les monts Himalaya, dont les plus hauts sommets (v. n° 5) restent couverts de neiges éternelles, on trouve de fertiles vallées. Les riches plaines que fécondent les inondations du Sind ou Indus, et celles du Gange, sont séparées par un vaste désert de sable. Plus au S., un plateau élevé et les montagnes des Ghâtes, arrêtant tantôt les nuages qui viennent de l'O., tantôt ceux qui arrivent de l'E., font régner sur les deux côtes de Malabar et de Coromandel des températures tout à fait opposées. Toutes ces montagnes donnent naissance à un grand nombre de rivières ; celles-ci, traversant l'Hindoustan dans toutes les directions, y entretiennent une humidité qui, jointe à la chaleur du climat, y développe une riche végétation. Le riz, la banane, le sucre, les épices, la soie, le coton, sont les produit les plus remarquables de cette riche contrée, où l'on trouve encore des mines de diamants et des perles que l'on pêche surtout dans le détroit qui la sépare de l'île de Ceylan ; mais elle nourrit aussi un grand nombre d'animaux redoutables, tels que le rhinocéros, le tigre, le lion, le boa et beaucoup d'autres serpents dangereux. Les éléphants y sont d'une grandeur remarquable, surtout dans l'île de Ceylan.

§ II. POSSESSIONS ANGLAISES DE L'INDO-CHINE, DE L'ARABIE ET DE LA CHINE.

60. INDO-CHINE. — PROVINCES. — VILLES PRINCIPALES. — L'Indo-Chine anglaise occupe le N. O. et toutes les côtes de cette péninsule sur le golfe du Bengale. Elle est formée aux dépens de l'empire Birman et de plusieurs petits souverains. Sa population monte à environ 12 millions d'individus.

Les pays qui sont soumis à l'Angleterre en Indo-Chine sont :

1° L'ancien royaume d'*Assam*, qui occupe, au N. O. de l'Indo-Chine, une large vallée traversée par le Brahmapoutre, et enrichie par ses nombreuses manufactures de soie et de coton, ainsi que par les richesses de sa végétation. Ses villes principales sont : DJORHAT, regardée comme la capitale du royaume, et RANGFOUR, qui en est la ville la plus grande et la plus peuplée.

2° L'*Arakan* avec les îles de *Ramri* et *Chedouba*, le long du golfe du Bengale, et le *Pégou* sur celui de Martaban, dans lequel viennent tomber l'Iraouaddy et le Salouen, dont les possessions anglaises occupent toutes les bouches, ont été

3.

démembrés de l'empire Birman. — Leurs principales villes sont : ARAKAN, autrefois chef-lieu de la province de ce nom, et remplacée aujourd'hui par AKIAB, port fréquenté. — PÉGOU, capitale de la province de ce nom. — BASSEIN et RANGOUN sur deux bras de l'Iraouaddy, et MARTABAN à l'embouchure du Salouen.

3° Le *Ténassérim*, au S. E. des précédentes, renferme les anciens royaumes de YÉ, TAVAÏ et TÉNASSÉRIM qui portent le nom de leur capitale; outre ces villes, dont la dernière est ruinée, il faut citer AMHERST-TOWN, fondée en 1825, dans la province de Martaban, non loin de l'embouchure du Salouen, par les Anglais, qui en ont fait un poste militaire très-important. La bonté de son port lui assure une haute importance commerciale. — MERGHI, vis-à-vis l'archipel de ce nom, que son port sûr et vaste rend la ville la plus importante du Ténassérim.

3° Le *Malakka anglais* ou *gouvernement des Détroits* comprend diverses possessions répandues le long de la péninsule de Malakka, savoir : l'île du *Prince de Galles* ou *Poulo-Pinang*, sur la côte occidentale de la péninsule; elle renferme au moins 40,000 habitants, dont la moitié environ dans GEORGE-TOWN, sa florissante capitale, et la province de *Wellesley* sur la côte en face de cette île. — La ville et le *territoire de Malakka*, situés plus au S. E. — MALAKKA, sur le détroit de son nom, regardée longtemps comme la capitale de la péninsule, reprend, depuis qu'elle est passée sous la domination anglaise, une partie de son ancienne prospérité. — Enfin l'île de SINGAPOUR, au S. de la péninsule, renferme une ville du même nom, placée dans une admirable position pour être l'entrepôt du commerce de l'extrême Orient. Fondée en 1819, elle a aujourd'hui 100,000 habitants.

61. POSSESSIONS EN CHINE ET EN ARABIE. — En Chine, les Anglais possèdent depuis 1842 l'île de *Hong-Kong*, dans la baie de Canton; ils y ont élevé la ville florissante de VICTORIA, que sa position rend fort importante. — Par le traité conclu en 1860, ils se sont de plus assuré quelques autres possessions sur les côtes.

En Arabie, ils possèdent ADEN, bâtie dans une presqu'île, sur le golfe dont elle porte le nom, et où elle est l'entrepôt d'un commerce considérable. — L'île de *Périm*, à l'entrée de la mer Rouge, leur appartient également, ainsi que celle de *Kouria-Mouria*. — Enfin on rattache à leurs possessions arabes l'île de *Socotora* située vers le S. du golfe d'Aden, vers la pointe du cap Guardafui, et qui devrait être attribuée à l'Afrique. Cette grande île, fertile en aloès, a pour capitale *Tamarida* au N. E. Elle a appartenu à l'iman de Maskate qui l'a cédée à l'Angleterre.

§ III. POSSESSIONS FRANÇAISES EN ASIE.

62. HINDOUSTAN FRANÇAIS. — VILLES. — Les Français possèdent dans l'Hindoustan, depuis le commencement du dix-septième siècle, des établissements qui avaient acquis une importance considérable vers le milieu du dix-huitième siècle; mais, depuis cette époque, ils lui ont été à plusieurs reprises enlevés par l'Angleterre, qui lui a seulement restitué, par les traités de 1814 et 1815, les villes ci-après, qui, avec leur territoire, renferment une population totale de 230,000 hab. — Sur la côte de Malabar, MAHÉ, forteresse et port important pour le commerce du poivre : elle avait été prise par les Anglais, lorsqu'ils s'emparèrent, en 1799, des Etats de Tippo-Saheb, dans lesquels elle se trouvait. — Sur la côte de Coromandel, dans le Karnatic : KARIKAL, sur une bouche du Cavery, comptoir important pour le commerce des toiles, et possédant de vastes chantiers de constructions (56,000 habitants avec son territoire). — PONDICHÉRY, au N. de Karikal, sur la meilleure rade de la côte de Coromandel; ville manufacturière, mais dans un pays stérile; chef-lieu des établissements français dans l'Hindoustan, siége d'un vicaire apostolique, d'une cour impériale et d'un lycée (81,000 habitants avec son territoire). — Sur la côte d'Orissa : IANAON, comptoir important pour le commerce du coton. — Dans le Bengale : CHANDERNAGOR, sur l'Hougly, colonie française, qui renfermait, dans le siècle dernier, 100,000 âmes; ville importante par son commerce (31,000 habitants avec son territoire).

63. INDO-CHINE FRANÇAISE. — VILLES. — Les Français ont fondé, depuis 1857, une importante colonie au S. de l'Empire d'Annam, auquel ils ont enlevé toute la ***Basse Cochinchine*** et le ***Kambodge annamite***; ces provinces sont situées sur les bouches du fleuve Me-Kong, un des plus grands de l'Asie; — les villes principales sont : SAÏGON, excellent port, très-commerçant, sur la rivière Donnaï, dont les embouchures se mêlent à celles du Me-Kong. Cette ville, peuplée de plus de 100,000 habitants, était la capitale de toute la contrée sur laquelle l'influence française s'établit rapidement depuis les victoires remportées, en 1861, sur les Annamites, suivies de la prise de MYTHO, au S. O., puis de celle de Winh-Long, *Chaudoc* et *Hatien*, chefs-lieux de trois provinces jointes à la colonie en 1867.

Le protectorat de la France s'étend sur le royaume de **Kambodge**, capitale Oudon.

§ IV. POSSESSIONS PORTUGAISES EN ASIE.

64. Contrées et Villes. — Les Portugais, qui les premiers ont colonisé les Indes, ne possèdent plus aujourd'hui que quelques débris de leur immense empire; ces comptoirs, qui renferment une population de 450,000 individus, sont : sur la côte de Goudjerate, l'île Diu, qui renferme un excellent port et une forteresse du même nom. — Sur la côte orientale du golfe de Cambaye, Daman ou *Damaun*, autre port avec des chantiers de constructions. — Enfin, sur la côte de Konkan, Goa, avec ses dépendances. — La ville, située dans une île de 40 kilomètres de tour, est grande, quoique bien déchue de ce qu'elle était autrefois. C'est le chef-lieu des possessions portugaises dans l'Hindoustan et le siége d'un archevêque; elle possède le corps de saint François Xavier, surnommé l'*Apôtre des Indes* (24,000 habitants).

En **Chine**, les Portugais possèdent également un établissement à Macao, port agréable et fréquenté, dans la baie de Canton.

QUESTIONNAIRE. — § 1er. 53. Quelles sont les possessions des Anglais en Asie? — 54. Quelles sont les limites et la position de l'Hindoustan? —Quelles sont les mers qui baignent l'Hindoustan?—Nommez les golfes, les fleuves, les montagnes et les îles? — 55. Quelles sont les nations qui ont des possessions dans l'Hindoustan? — 56. Faites connaître les contrées indépendantes de l'Hindoustan. — Quelles en sont les villes remarquables? — 57. Comment se divisent les contrées soumises aux Anglais? — Quelle est la capitale de toutes les possessions anglaises dans l'Inde? — Quelles sont les villes les plus remarquables des présidences du Bengale?.... d'Agrah?... de Bombay?... de Madras? — Faites connaître le gouvernement de l'Ile de Ceylan? — 58. Quels sont les peuples et les villes les plus remarquables des possessions médiates des Anglais?—59. Comment se répartit la population de l'Hindoustan? — A quelles religions appartient-elle? — Quel est l'aspect de ce pays? — Quel est son climat? — Quels fleuves fécondent ses plaines? —Quelles sont ses productions? — Quels animaux y trouve-t-on? — § II. 60. Faites connaître les possessions des Anglais dans l'Indo-Chine. — Quelles sont les villes remarquables de ces possessions? — 61. Faites connaître leurs possessions en Chine et en Arabie? — § III. 62. Quelles sont les possessions des Français dans l'Hindoustan? — Quelles en sont les villes principales? — 63. Faites connaître la colonie française de l'Indo-Chine ? — § IV. 64. Quelles sont les possessions des Portugais dans l'Hindoustan et en Chine ?

CHAPITRE SIXIÈME

GÉOGRAPHIE PHYSIQUE DE L'AFRIQUE.

—

SOMMAIRE.

5. L'AFRIQUE, située entre les 38e degré de lat. N. et 35e degré de lat. S. et les 28e degré de long. O. et 61e de long. E., est bornée par la Méditerranée, au N.; l'Atlantique, à l'O.; l'océan Austral, au S.; la mer des Indes, la mer Rouge et l'isthme de Suez, à l'E. — Elle forme une vaste presqu'île triangulaire de 8,000 kilomètres de long sur 7,500 de large et 29 millions de superficie, unie au continent par l'isthme de Suez. Ses côtes sont peu découpées.

66. L'Afrique est baignée par trois MERS : — 1° la Méditerranée, qui forme les golfes de la Sidre, de Cabès et de Tunis et baigne le cap Bon, puis s'unit à l'Atlantique par le détroit de Gibraltar ; 2° l'Atlantique, qui forme les caps Cantin, Bojador, Vert, des Palmes, le golfe de Guinée, lequel forme lui-même ceux de Benin et de Biafra ; avec les caps Formose, Lopez, et enfin la baie de la Table et le cap de Bonne-Espérance ; — 3° la mer des Indes, qui forme le cap des Aiguilles, les baies de Lagoa, de Lorenzo-Marquez et de Sofala, le canal de Mozambique, les caps Delgado et Guardafui, le golfe d'Aden, le détroit de Bab-el-Mandeb et la mer Rouge.

67. Les ILES qui dépendent de l'Afrique sont : — dans l'Atlantique : 1° les Açores ; 2° Madère ; 3° les Canaries ; 4° les îles du cap Vert ; 5° Fernando-Pô, Annobon, l'île du Prince et Saint-Thomas, dans le golfe de Guinée ; 6° Saint-Mathieu ; 7° l'Ascension ; 8° Sainte-Hélène ; 9° les îles de Tristan d'Acunha ; — dans l'Océan Indien : 1° Madagascar avec Sainte-Marie et les Comores ; 2° la Réunion ; 3° Maurice et Rodriguez ; 4° les Seychelles ; 5° Monfia, Zanzibar ; 6° Pemba et Socotora.

68. Les principales MONTAGNES sont : les monts Atlas, divisés en Grand et Petit Atlas, au N.; de l'Abyssinie, à l'E.; de la Lune, vers le centre ; les monts Kénia et Kilimandjaro, au S. E. de l'équateur ; puis les monts Niésa, Lupata, à l'O. du Mozambique ; les monts Sneeuwberg et Nieuweld, au S., et la sierra Complida, à l'E. du Congo ; les monts Kong à l'O. du Soudan, et Hagar dans le Sahara.

69. Le SAHARA, au S. de l'Atlas, est une immense plaine de sable parsemée d'oasis fertiles ; les rivières s'y perdent dans les sables,

excepté le Rio de Ouro, le Saint-Cyprien et le Saint-Jean. Les autres déserts sont ceux de Barcah, de Libye et de Kalahari.

70. Les principaux LACS, mal connus d'ailleurs, sont ceux de Dembéa,
Tchad, Albert et Victoria Nyanza, Uniamési, Nyassi et Shirwa, au S.
de l'équateur, et N'gami, vers le centre de l'Afrique méridionale.

71. Les principaux FLEUVES sont : — sur le versant de la Méditerranée :
le Nil ; — sur celui de l'Atlantique : le Sénégal et la Gambie ; le
Niger, avec le Binué et le Tchadda ; le Congo, le Gariep ou Orange
avec le Kouanguip et le Great-Fish ; — sur le versant de la mer
des Indes : le Zambèze, le Lofigi, le Jub et l'Ouebi Gamana.

72. L'Afrique a environ 173 millions d'HABITANTS, la plupart nègres ;
la race jaune a peuplé l'île de Madagascar et les rives du Niger ;
la race blanche, les côtes du N. de l'Afrique. Les nègres sont idolâtres, et les Arabes, mahométans. Les colonies européennes sont
chrétiennes.

73. Située sous la zone torride, une partie de sa surface est
inhabitable. Elle n'a que deux saisons, celle des chaleurs et celle
des pluies. Riche en métaux et en produits précieux, elle renferme
un grand nombre d'animaux nuisibles.

**65. SITUATION ET LIMITES DE L'AFRIQUE. — ETEN-
DUE. — FORME GÉNÉRALE.** — L'Afrique (1) est, en y comprenant les îles qui s'y rattachent, renfermée entre le 38e
degré de latitude N. et le 35e degré de latitude S., et entre le
28e degré de longitude O. et le 61e degré de longitude E. Elle
est bornée au N. par la Méditerranée ; à l'O. par l'océan Atlantique ; au S. par le Grand Océan Austral, et à l'E. par la
mer des Indes, la mer Rouge et l'isthme de Suez.

L'Afrique, celle des parties de la terre dont l'intérieur est le
moins connu, forme une grande presqu'île triangulaire d'environ 8,000 kilomètres de long sur 7,500 de large et 29 millions
et demi de kilomètres carrés, laquelle ne tient au reste du
continent, au N. E., que par l'*isthme de Suez*, qui a environ
115 kilomètres de largeur.

L'Afrique n'a pas, comme l'Europe et l'Asie, des côtes profondément découpées par la mer ; à peine y remarque-t-on quelques enfoncements peu considérables, au nombre de six ou
sept, que nous allons indiquer en faisant la circumnavigation à
partir du fond de la Méditerranée, et en rappelant les noms des
trois mers qui entourent cette partie du monde et des trois détroits qui les unissent entre elles.

66. MERS, GOLFES, CAPS ET DÉTROITS. — Les trois mers
qui entourent l'Afrique sont : 1° la ***Méditerranée*** au N.,

----

(1) Consulter, dans mon *Atlas historique et géographique à l'usage des
Collèges*, la carte générale de l'AFRIQUE.

2° l'*Océan Atlantique* à l'O., et 3° *la mer des Indes* à l'E.

1° La *Méditerranée* forme, sur la côte septentrionale de l'Afrique, les trois golfes de la *Sidre* (ancienne *Grande Syrte*), de *Cabès* (ancienne *Petite Syrte*) et de *Tunis* (autrefois *Carthage*), séparés par le cap *Bon;* puis elle va s'unir par le *détroit de Gibraltar* à l'océan Atlantique.

2° L'*Océan Atlantique* baigne les caps *Cantin*, sur la côte du Maroc; *Bajador* et *Blanc*, sur celle de Sahara; *Vert*, sur celle de Sénégambie; puis celui des *Palmes*, à l'E. duquel il forme, sur la côte occidentale, un grand enfoncement connu sous le nom de *golfe de Guinée*, sur lequel s'avance le cap des *Trois-Pointes:* ce golfe forme lui-même ceux de *Bénin* et de *Biafra*, séparés par le cap *Formose;* il baigne ensuite le cap *Lopez*, près de l'équateur, et forme la baie de *la Table* et enfin le cap de *Bonne-Espérance* au S. de l'Afrique.

3° La *mer des Indes* enveloppe le cap des *Aiguilles*, au S., puis forme sur la côte S. E. les *baies de Lagoa* ou de *Lorenzo-Marquez* et de *Sofala*, et le large *canal de Mozambique*, qui sépare du continent l'île de Madagascar; elle entoure le cap *Delgado*, puis le cap *Guardafui*, au N. duquel elle forme le *golfe d'Aden*, le détroit de *Bab-el-Mandeb* et la *mer Rouge* ou *golfe Arabique*.

67. Iles principales. — Les îles de l'Afrique se divisent naturellement en îles situées dans l'Océan Atlantique et en îles de l'Océan Indien.

Dans l'*Atlantique* sont situés :—1° le groupe des *Açores*, qui, d'après leur position à l'O. du Portugal, auquel elles appartiennent, pourraient être rattachées à l'Europe. Elles sont au nombre de dix : la principale est *Terceira*, qui a environ 70 kilomètres de tour; 2° *Madère*, au S. E. des Açores. Elle a 1,000 kilomètres carrés. — Au N. E. se trouvent les petites îles de *Porto-Santo*. — 3° les *Canaries* (anciennes *îles Fortunées*), au S. de Madère, groupe composé de sept grandes îles et de plusieurs petites. Les principales sont *Ténériffe*, la plus considérable par son commerce, par ses richesses et par sa population; elle est fameuse par son pic, qui s'élève, au S. O. de l'île, à 3,719 mètres, et qui renferme un volcan redoutable. — *Canarie*, qui a donné son nom au groupe; — *Fer*, où passait le premier méridien, d'après la déclaration de Louis XIII, du 1er juillet 1634.—4° les îles du *Cap-Vert*, au N. O. du cap de ce nom, au nombre de vingt, la plupart pierreuses. La principale, nommée *Santiago*, a environ 200 kilomètres de long sur

45 de large. — 5° les îles du *golfe de Guinée* : *Fernando-Pô, Annobon*, l'île du *Prince* et *Saint-Thomas.* — 6° *Saint-Mathieu*, à l'O. des précédentes. — 7° l'*Ascension*, au S. O. de Saint-Mathieu.—8° *Sainte-Hélène*, au S. E. de l'Ascension, de 35 kilomètres de circuit, entourée de rochers escarpés qui la rendent imprenable. — Enfin, 9° les îles de *Tristan d'Acunha*, plus au S. O., peu connues, et dont la principale a environ 20 kilomètres de tour.

Dans l'**Océan Indien** : 1° **Madagascar**, séparée de l'Afrique par le *canal de Mozambique*, l'une des plus grandes îles du globe, de 609,000 kilomètres carrés de superficie, couverte en partie de forêts et traversée dans toute sa longueur du cap *Sainte-Marie* au cap *d'Ambre* par une chaîne de montagnes qui, dans le S., porte le nom de monts *Amboisthmènes* ; sur cette côte sont situées de petites îles, dont *Sainte-Marie*, à l'E., à la France, au débouché de la baie d'*Atongil*, et l'archipel des *Comores*, à l'O., sont les plus importantes. — 2° La *Réunion* ou *Bourbon*, à l'E. de Madagascar, île volcanique de 213 kilomètres de tour qui appartient à la France. — 3° l'*île de France* ou *Maurice*, plus au N. E., de 200 kilomètres de circuit, appartient aux Anglais qui l'ont prise à la France, ainsi que l'île *Rodriguez*, située plus à l'E. — 4° les *Seychelles*, au N. E. de Madagascar, divisées en deux groupes, savoir : les îles *Mahé*, ainsi nommées de la plus grande de toutes, et les *Amirantes*, au S. O. — 5° *Monfia, Zanzibar* et *Pemba* sur la côte orientale d'Afrique, et enfin 6° *Socotora*, à l'E. du cap Guardafui, à l'entrée du golfe d'Aden.

68. CHAINES DE MONTAGNES. — Les principales chaînes de montagnes de l'Afrique sont : les monts ***Atlas***, au S. de la Barbarie ; vaste chaîne qui traverse et couvre de ses rameaux toute l'Afrique septentrionale, depuis les rivages du golfe de la Sidre dans la Méditerranée, jusqu'à ceux de l'Atlantique vers le cap Noun. On y distingue deux chaînes à peu près parallèles : le *Petit Atlas*, chaîne la plus septentrionale, et le *Grand Atlas*, au S. du précédent, où se trouvent le *Djebel-Amour* et le *Djebel-Aourès*. Les deux chaînes principales sont reliées par divers contreforts, dont les plus connus sont les monts *Mouzaïa*, le *Jurjura* (2,400 mètres), dans l'Afrique française, et les monts *Erriffs*, au Maroc. C'est dans ce pays et dans la partie occidentale de la chaîne que se trouvent les montagnes les plus élevées de l'Atlas, où le mont *Miltsen* atteint environ 3,600 mètres. On peut encore citer en Algérie l'*Ouarenseris*, qui atteint 2,800 mètres.

Les autres montagnes remarquables de l'Afrique sont : les *monts de l'Abyssinie* à l'E. ou monts *Semen ;* les monts de la *Lune* ou *Djebel-al-Kumr*, vers le centre de l'Afrique; les monts *Kénia* et *Kilimandjaro,* hautes montagnes couvertes de neige situées dans le voisinage et au S. E. de l'équateur, et près de la première desquelles on a lieu de supposer qu'il existe un volcan, le seul quant à présent dont il soit parlé dans cette partie du monde ; au S. de ces montagnes, situées à l'O. de Zanguebar, sont les monts *Niesa* et *Lupata*, à l'O. du Mozambique ; plus au S. encore les monts *Sneeuwberg, Nieuwerelds* et *Roggeveld*, qui suivent l'extrémité du continent africain; enfin au N. O. de ces dernjères, la *Sierra Complida*, à l'E. du Congo ; les monts *Kamerones,* puis les montagnes de *Kong*, entre la Guinée et le Soudan, et enfin le *Djebel-Hagar* au centre du Sahara.

69. SAHARA. — AUTRES DÉSERTS. — L'Afrique, plus que les autres parties du monde, renferme de vastes contrées inhabitables à cause de leur aridité pendant la plus grande partie de l'année. Parmi ces déserts, le *Sahara*, situé au S. de la chaîne de l'Atlas, qui y jette quelques ramifications, est un des plus vastes et des plus désolés. Sur une étendue de 1,200 kilomètres du N. au S., et une superficie que l'on évalue à 4 millions de kilomètres carrés, le Sahara présente une immense mer de sable semée à intervalles éloignés d'*oasis* où les voyageurs trouvent l'eau et la verdure qui manquent ailleurs, de novembre en juillet, époque des chaleurs. Pendant la saison des pluies, l'herbe recouvre à peu près partout le sol, mais elle ne tarde pas à disparaître dès que les pluies ont cessé et que le soleil du tropique darde ses brûlants rayons. Bien que de nombreuses rivières sortent de l'Atlas sur sa pente méridionale, il n'existe aucun fleuve important dans le Sahara ; à peine pourrait-on citer deux ou trois rivières qui, telles que le *Rio de Ouro* et celles de *Saint-Cyprien* et de *Saint-Jean*, arrivent jusqu'à l'Océan Atlantique ; dans l'intérieur, on ne trouve que quelques cours d'eau de peu d'étendue, qui, après avoir parcouru de petites vallées dont ils forment de fertiles oasis, se perdent bientôt dans les sables ou dans les lacs salés ou *Sebkhas*, qui disparaissent souvent eux-mêmes pendant les grandes chaleurs. Les voyageurs qui veulent traverser ce désert se réunissent en *caravanes* composées quelquefois de plusieurs milliers de personnes, et de chameaux portant les marchandises et les vivres.

Outre le Sahara et les déserts de *Barcah*, au N., et de *Libye*, au N. E., on peut encore citer, en Afrique, celui de *Kalahari* au S. O. du lac N'gami, entre les montagnes de l'O. et le bassin des affluents du lac.

70. Lacs. — Tous les lacs d'Afrique étant situés dans l'intérieur de ce pays, ils sont très-peu connus pour la plupart; on cite: — le lac *Dembéa*, traversé par le Nil en Abyssinie; le lac **Tchad**, qui forme au centre, dans le royaume de Bornou, une mer intérieure où tombent le *Chary*, qui vient du S. E.; le *Yéou*, qui vient de l'O., et d'autres grandes rivières. — Vers l'E., les lacs **Victoria** et **Albert Nyanza**, situés sous l'équateur et d'où sort le Nil; **Tanganyika** ou *Uniamési*, *Nyassi* et **Schirwa**. Les pluies torrentielles, puis les grandes chaleurs qui règnent entre les tropiques doivent faire varier considérablement le volume de ces eaux pendant l'été, et expliquer les incertitudes de la géographie à l'égard de ces lacs. — Enfin, le lac *N'gami*, situé au-dessous du 20° degré de latitude S., à peu près au milieu de la partie méridionale de l'Afrique.

71. Fleuves principaux. — Les fleuves importants de l'Afrique se partagent de la manière suivante, entre les trois mers qui l'entourent:

La mer Méditerranée reçoit le **Nil**, qui sort du Soudan oriental, traverse l'Abyssinie, la Nubie et l'Égypte, et se jette dans la Méditerranée par plusieurs embouchures dont les deux plus considérables sont celles de Damiette à l'E. et de Rosette à l'O.; il est formé par la jonction du *Nil blanc* (*Bahr-el-Abiad*), dont les sources sont inconnues, mais qui reçoit le *Saubat* à droite et le *Barh-el-Gazal* à gauche, et du *Nil bleu* (*Bahr-el-Azrach*), qui vient de l'Abyssinie. Ce fleuve, célèbre depuis les temps les plus reculés, a vu fleurir sur ses rives une civilisation aujourd'hui disparue; quelques canaux, restes des travaux des anciens Égyptiens, servent encore aujourd'hui à réglementer la crue des eaux dont le débordement périodique renouvelle chaque année la fertilité de la vallée. Vers ses embouchures, le Nil forme plusieurs grands lacs marécageux dont les plus célèbres sont ceux de *Mariout* (ancien lac Maréotis) et de *Menzaléh*. Des *cataractes* ou *rapides* coupent le cours du Nil supérieur et rendent en plusieurs endroits sa navigation à peu près impossible.

L'Océan Atlantique reçoit le **Sénégal** et la **Gambie**, qui arrosent la Sénégambie de l'E. à l'O., et se jettent dans l'Océan Atlantique. Le **Niger**, *Kouarra* ou *Dioli-Bâ*, parcourt une partie de la Nigritie, de l'O. à l'E., et, après avoir fait un assez grand circuit à l'E., tourne au S., et va se jeter par plusieurs embouchures dans le golfe de Bénin. Ce fleuve reçoit, par la *Tchadé* et le *Binué*, les eaux du centre occidental de l'Afrique. A l'E. et au S. E. du bassin de ce fleuve, on rencontre encore des cours d'eau importants, dont les uns appartiennent au bassin intérieur du lac Tchad, et les autres peut-être à celui des grands lacs Nyanza et Tanganyika; d'autres, enfin, doivent se diriger vers le golfe de Gabon. — Le *Congo* ou *Zaïre*, qui parcourt, du S. au N., puis de l'E. à l'O., le pays dont il porte le nom et se jette dans l'océan Atlantique; — le *Cuanène*, le *Gariep* ou fleuve *Orange* avec ses affluents, le *Kouanguip* et le *Great-Fish* ou *Grand-Poisson*, qui arrose les pays des Hottentots et des Namaquas, tout à fait au S. de l'Afrique, et se jette dans l'Atlantique.

La mer des Indes reçoit plusieurs fleuves assez importants : le plus connu et le *Liambyé* ou *Zambèze*. Ce fleuve parcourt d'abord le centre de l'Afrique méridionale du N. au S., puis il tourne à l'E. pour aller se jeter dans le canal Mozambique, où il porte les eaux de plusieurs rivières considérables, et celles du lac Schirwa. — Citons encore le *Lofigi*, le *Jub* et l'*Ouebi Gamana*, au N. E. du précédent.

72. GRANDES DIVISIONS RELATIVES AUX RACES ET AUX RELIGIONS. —La *population* de l'Afrique est mal connue, ainsi qu'une grande partie de l'intérieur de ce vaste pays; cependant on peut, d'après les dernières recherches, l'évaluer à environ 173 millions d'habitants.

L'immense majorité de la population de l'Afrique appartient à la *race nègre*, subdivisée en un grand nombre de variétés, parmi lesquelles les *Cafres* et les *Hottentots* présentent des différences remarquables. Cependant tout le N. et une partie du centre ont été colonisés par deux races différentes, savoir : 1° le rameau Malais de la *race jaune*, qui a peuplé une partie des contrées du Niger et de la Sénégambie et la grande île de Madagascar; 2° la *race blanche*, à laquelle appartiennent les Arabes qui ont occupé tout le N. de l'Afrique et pénétré même assez avant dans l'intérieur, et toutes les nations européennes qui ont jeté de nombreuses colonies sur tous ces rivages et dans les petits archipels répandus sur les côtes.

Le *fétichisme* ou idolâtrie grossière est la religion de presque toutes les races nègres de l'Afrique. — Le mahométisme domine dans toutes les contrées colonisées par les Arabes, à la suite desquels se sont introduits, surtout dans les villes du littoral N. O., un grand nombre de Juifs. Les Européens ont porté dans tous les pays qu'ils ont colonisés la religion chrétienne, qui s'est aussi conservée dans une partie des contrées du N. E., c'est-à-dire dans l'Égypte et dans l'Abyssinie, mais trop souvent altérée par des pratiques superstitieuses. Enfin, de nombreux missionnaires prêchent l'Évangile dans les pays barbares où l'on a récemment pénétré; mais les chrétiens y sont encore en petit nombre.

75. CLIMAT, PRODUCTIONS. — L'Afrique, que l'équateur coupe à peu près par le milieu, est brûlée par les rayons du soleil, qui, pendant toute l'année, tombent perpendiculairement dans toute sa partie centrale. Aussi, une partie de son immense étendue est-il, surtout vers le N., occupé par de vastes déserts sablonneux, où l'on ne trouve que quelques cantons fertiles nommés *oasis*. On n'y connaît que deux saisons : la saison sèche, pendant laquelle la chaleur est presque insupportable pour les blancs, et celle des pluies qui, entre les tropiques, durent presque sans interruption pendant trois mois. Ces pluies font déborder tous les fleuves qui prennent leur source dans ces régions; mais ces débordements, loin de nuire à la végétation, portent sur les terres un limon qui les féconde; aussi tous les pays qu'ils arrosent sont-ils d'une incroyable fertilité. Outre les épices, l'indigo, le caféier, le cotonnier et la canne à sucre, on remarque, parmi les arbres qui y croissent, les palmiers et le *baobab*, dont le tronc a quelquefois 33 mètres de tour.

L'Afrique est riche en métaux précieux; mais c'est des trois parties de l'ancien continent celle qui renferme le plus d'animaux nuisibles, tels que le tigre, le lion, le léopard, l'hyène, le chacal, etc. Les fleuves nourrissent d'énormes crocodiles, et les forêts recèlent de monstrueux serpents, parmi lesquels le *boa* est le plus remarquable. On y trouve, en outre, l'éléphant, le rhinocéros, l'hippopotame, la girafe, le buffle, le chameau et une foule d'antilopes, etc.

QUESTIONNAIRE. — 65. Quelles sont la situation et les limites de l'Afrique ? — Quelle est l'étendue de l'Afrique ? — Quelle est sa forme générale ? — 66. Combien de mers baignent l'Afrique ? — Combien forment-elles de caps, de golfes et de détroits sur ses côtes ? — 67. Comment se divisent les îles de l'Afrique ? — Quels sont les principaux groupes situés dans l'Atlantique? — Quelles sont les îles remarquables de l'océan Indien ? — Quelles sont les îles moins importantes ? — 68. Quelles sont les principales chaînes de montagnes de l'Afrique ? — Où sont situées ces chaînes de montagnes ? — Faites connaître plus particulièrement la chaîne de l'Atlas. — 69. Qu'est-ce que le Sahara ? — Quelle est son étendue ? — Quelles rivières y rencontre-t-on ? — Quels sont les autres déserts de l'Afrique ? — 70. Quels sont les principaux lacs de l'Afrique et où sont-ils situés ? — 71. Quelles sont les eaux de l'Afrique qui s'écoulent dans la Méditerranée ? — Quels fleuves reçoit l'océan Atlantique ? — Quels sont les fleuves qui se jettent dans l'océan

Indien ? — 72. Quelle est la population de l'Afrique ? — Quel pays est occupé par chaque race ? — Quelles sont les religions professées en Afrique ? — Par qui chaque religion est-elle suivie ? — 13. Faites connaître le climat et les productions de l'Afrique.

CHAPITRE SEPTIÈME

GÉOGRAPHIE POLITIQUE DE L'AFRIQUE.

SOMMAIRE.

74. L'Afrique peut se diviser en : 1° Afrique septentrionale ; 2° Afrique centrale et méridionale ; 3° îles et colonies. Elle comprend vingt Etats ou divisions particulières, et les colonies de sept nations.

§ Ier. 75. L'EGYPTE avec la NUBIE, au N. E. de l'Afrique, se divise en 3 parties ; elle a pour villes princ. : le Caire, cap. ; Syout, Alexandrie. — La Nubie, au S. ; villes remarquables : Dey, Marakah, Kartoum, etc. — Cet Etat compte 8 millions d'habitants, mahométans et chrétiens.

76. L'ABYSSINIE, au S. E., a 4 millions d'habitants ; villes princ. : Gondar, Adoua, Axum, Ankober.

77. La BARBARIE, au N. O., peuplée de mahométans et de colons chrétiens, a un climat tempéré par l'Atlas et produit du blé, du tabac et de l'huile. — Elle comprend, à l'E., TRIPOLI, avec les pays de Barcah, du Fezzan (cap. Mourzouk) et de Ghadamès. — TUNIS, à l'O. du précédent, l'ALGÉRIE au centre.

78. Le MAROC, à l'O., a 7 millions d'habitants ; villes princ. : Maroc, Mékinez et Fez.

79. Le SAHARA, au S. des précédents, a 750,000 habitants nomades : Touareks, Tibbous et Touats. — Le Sidi-Hescham, au N. O., sur la côte, cap. Talent.

§ II. 80. L'Afrique centrale et méridionale est divisée en treize contrées ou divisions, savoir :

81. La SÉNÉGAMBIE, au N. O., qui renferme de vastes établissements européens. — 5 millions d'habitants.

82. La GUINÉE, au S. du précédent, divisée en côtes de Sierra-Leone, ou des Graines, d'Ivoire, d'Or, des Esclaves, de Calabar et du Gabon, avec les royaumes indigènes d'Achanti et de Dahomey ; cap. Abomey. — 6 millions d'habitants.

83. Le CONGO, au S. du précédent ; v. princ. : Agola, Loanda, Benguéla. — 5 millions d'habitants.

84. Le SOUDAN, au N. de l'équateur, est habité par des peuplades nombreuses (50 millions environ), dont les villes sont Ségo, Ten-Boctoue, Sackatou, Kouka.

85. La Nigritie méridionale et Cafrerie, comprenant : 1° la contrée des grands lacs ; 2° la Cimbébasie ; 3° la Cafrerie propre et 4° la Hottentotie.

86. Le Gouvernement du Cap est à l'extrémité S. de l'Afrique. Au N. E. sont : la république Transvaaltique, cap. Potchefstrom, et la république Orange, cap. Smithfield.

87. Le Mozambique, au N. E. du précédent, est aux Portugais.

88. L'île de Madagascar a 5 millions et demi d'habitants ; villes princ. : Tananarive et Tamatave.

89. Le Zanguebar, au N. E. du Mozambique, renferme plusieurs Etats tributaires de l'iman de Maskate, villes princ. : Quiloa, Mélinde, Magadoxo ; il a 10 millions d'habitants mahométans et idolâtres.

90. L'Ajan, au N. E. du Zanguebar, est habité par environ 400,000 pasteurs ; villes princ. : Barbora, Zeilah et Harrar.

§ III. 91. Les colonies européennes sont : Aux Français : l'Algérie (Alger, Constantine, Bone), des établissements dans la Senégambie (Saint-Louis, Bakel et Gorée), la Guinée et les îles de la Réunion, Sainte-Marie, Nossi-Béh et Mayotte.

92. Aux Espagnols : les Présides, l'archipel des Canaries et Annobon.

93. Aux Anglais : des établissements dans la Sénégambie, la Guinée, la colonie du Cap, les îles Fernando-Pô, Sainte-Hélène, l'Ascension, Maurice et Seychelles.

94. Aux Portugais : des établissements dans la Sénégambie, une grande partie du Congo et du Mozambique, et les îles Açores, Madère, du Cap-Vert, du Prince et Saint-Thomas.

95. Aux Hollandais : Saint-Georges de la Mine en Guinée, et enfin la république de Liberia, fondée par les Anglo-Américains, dans le même pays.

74. **Division.** L'Afrique peut être divisée en trois parties, savoir : 1° l'*Afrique septentrionale*, qui renferme les Etats les plus connus et les mieux organisés ; 2° l'*Afrique centrale et méridionale* ; 3° les *colonies européennes* répandues sur les côtes et dans les îles qui environnent l'Afrique.

Dans la première partie, on reconnaît 7 Etats ou divisions, savoir : l'*Egypte*, l'*Abyssinie*, au N. E. La Barbarie formant les Etats de *Tripoli*, *Tunis*, l'*Algérie* et le *Maroc*, et enfin le *Sahara* au N. O. — Dans la seconde partie, on peut tracer 13 divisions : la *Sénégambie*, la *Guinée*, le *Congo* à l'O. ; le *Soudan* au centre ; la *Cafrerie*, la *Nigritie méridionale*, le *gouvernement du Cap*, les *deux républiques du fleuve Orange*, au S. ; l'île de *Madagascar*, le *Mozambique*, le *Zanguebar* et l'*Ajan* à l'E. — Enfin, les *colonies de 7 nations* savoir : les Français, les Espagnols, les Anglais, les Portugais, les Hollandais, les Danois et les Anglo-Américains.

§ I. — AFRIQUE SEPTENTRIONALE (1).

L'Afrique septentrionale comprend 7 États ou divisions, savoir :

75. EGYPTE ET NUBIE. — L'Egypte avec la Nubie forme un État, borné au N. par la Méditerranée; à l'O. par les déserts de Barcah et de Libye; au S. par l'Abyssinie; à l'E. par la mer Rouge. Elle comprend les oasis situées dans les déserts environnants.

L'*Egypte* se divise en 3 régions : la *Haute-Egypte*, capitale SYOUT: la *Moyenne-Egypte*, capitale LE CAIRE, qui est aussi capitale de toute l'Égypte; enfin la *Basse-Egypte*, villes principales ALEXANDRIE, *Rosette, Damiette* et *Suez*.

Les oasis qui dépendent de l'Égypte sont celles de *Syouah*, puis la *petite oasis* et la *grande oasis* au S. O. du Caire.

La Nubie est au S. de l'Egypte; ses villes principales sont : DEYR, *Marakah*, *Chendy*, KHARTOUM, *Sennaar*, *Souakim* et *Obeïd*, capitale du *Kordofan* qui est tributaire.

L'Egypte est gouvernée par un vice-roi, sous la suzeraineté du sultan de Constantinople. — Sa population est de 8 millions d'habitants, qui suivent les religions grecque et mahométane.

76. ABYSSINIE. — L'Abyssinie, au S. et à l'E. de la Nubie, est bornée à l'O. et au S. par le Soudan; à l'E. par la mer Rouge. — Elle a 4 millions et demi d'habitants professant la religion chrétienne mêlée de superstitions; ils sont en partie soumis aux *Gallas*, venus du centre de l'Afrique.

On distingue en Abyssinie les États suivants : royaume d'*Amhara*, capitale GONDAR; le *Tigré*, villes principales ADOUA, CHÉLICOUT et AXOUM; le *Choa*, capitale ANKOBER.

Les trois contrées que nous venons de parcourir constituent le bassin du Nil, auquel elles doivent leur fertilité; on y cultive le blé, le riz, le coton, la canne à sucre, etc.; on y trouve de l'or et de l'ivoire. Toute la vallée du Nil est couverte de monuments de l'antiquité.

77. TRIPOLI. — **TUNIS.** — **ALGÉRIE.** — On réunit sous le nom de *côte de Barbarie*, le N. O. de l'Afrique,

---

(1) La géographie détaillée de l'Afrique, de l'Amérique et de l'Océanie ayant été déjà donnée dans ce Cours au volume de cinquième, nous nous bornerons à présenter ici un résumé rapide de la géographie politique de chacune des divisions que l'on reconnaît dans ces parties du monde.

qui comprend les régences de *Tripoli* et de *Tunis*, l'*Algérie* et le *Maroc*.

Les habitants sont mahométans, sauf les colons français de l'Algérie, qui sont chrétiens.

L'Atlas traverse toute la Barbarie au N.; il lui procure un climat agréable et des productions variées en l'abritant du vent du sud, qui fait un désert de son autre versant. La civilisation marche en Algérie avec la conquête française. Les produits sont le blé, le tabac, les huiles et les dattes.

L'État de Tripoli est borné à l'E. par le pays de Barcah, au N. par la Méditerranée; à l'O. par la régence de Tunis; au S. par le Fezzan. Il a environ 1 million d'habitants gouvernés par un bey. TRIPOLI est la capitale.

De Tripoli dépendent : 1° le pays de *Barcah*, villes principales DERNES et BEN-GHASI ; 2° l'oasis d'*Audjélah* ; le *Fezzan*, (75,000 hab.), capitale MOURZOUK ; le pays de *Ghadamès*.

L'État de Tunis, à l'O. du précédent, borné par lui à l'E., par la Méditerranée au N., par l'Algérie à l'O., et par le Sahara au S. Il a près de 2 millions d'habitants, et est gouverné par un bey. Capitale TUNIS. Au S. se trouve le pays de *Touzer*.

L'Algérie, à l'O. du précédent. .(Voir ci-après n° 91.)

78. LE MAROC est borné par l'Algérie à l'E., la Méditerranée au N., l'Atlantique à l'O. et le Sahara au S. Il se divise en 4 parties : 1° *royaume de Fez;* 2° *royaume de Maroc;* 3° *royaume de Suz;* et 4° *royaume de Tafilet.* Il a environ 7 millions d'habitants et un gouvernement absolu.

Les principales villes sont : MAROC, capitale ; MEKINEZ, FEZ, TANGER, MOGADOR, TARODANT et TAFILET.

79. SAHARA. — ***État de Sidi-Hescham.*** — Le Sahara règne au sud des pays ci-dessus jusqu'à l'Atlantique ; il est habité par des nomades : les *Touaregs*, les *Tibbous* et les *Touats*, qui ont les villes d'AGHADÈS et AGABLY, situées dans des oasis.

Le grand Désert est habité par environ 750,000 nomades mahométans. Les oasis sont fertiles; elles renferment de nombreux troupeaux, et produisent des dattes qui nourrissent les habitants.

Au S. du Maroc, sur la côte de l'Atlantique, est établi un État peu connu qui porte le nom de *Sidi-Hescham*, et dont la capitale est TALENT, dans l'intérieur. Presque tout le reste de la côte du Sahara est habité par des peuplades barbares et inhospitalières.

§ II. — AFRIQUE CENTRALE ET MÉRIDIONALE.
ILES.

80. DIVISIONS. — L'Afrique centrale et méridionale comprend 13 contrées ou divisions, savoir : la *Sénégambie*, la *Guinée* et le *Congo* à l'O., le *Soudan*, la *Nigritie méridionale* et la *Cafrerie* au centre, le *Cap* au S., les deux *républiques du fleuve Orange*, l'*île de Madagascar*, le *Mozambique*, le *Zanguebar* et l'*Ajan* à l'E.

81. SÉNÉGAMBIE. — La Sénégambie est bornée au N. par le Sahara, à l'O. par l'Atlantique, au S. par la Guinée, à l'E. par le Soudan. L'intérieur contient 5 millions d'habitants, divisés en plusieurs peuples noirs et maures.

Les Européens y ont formé des établissements, dont les principaux sont ceux des Français sur la rive gauche du fleuve. (Voir n° 91.)

La végétation y est magnifique, favorisée par les pluies et la chaleur; mais le climat est insalubre, et les animaux féroces nombreux. On en tire de la gomme, de l'or, des huiles, des plumes, etc.

82. GUINÉE. — La Guinée est bornée au N. par la Sénégambie, à l'O. par l'Atlantique, au S. par le Congo, et à l'E. par la Nigritie méridionale. On peut la diviser en : 1° côte de *Sierra-Leone* ou des *Graines*, ville principale FREE-TOWN aux Anglais, et MONROVIA, capitale de la république de Libéria ; 2° la côte d'*Ivoire;* 3° la côte d'*Or;* villes remarquables, GRAND BASSAM, LA MINE et CAP CORSE ; à l'intérieur est le royaume d'***Achanti*** ; 4° la côte des *Esclaves*, ainsi nommée du commerce qui s'y fait; elle comprend le royaume de ***Dahomey***, capitale ABOMEY ; la côte de *Calabar*, où est le royaume de *Bénin;* 6° la côte de *Gabon*. Les peuples de cette contrée sont sauvages et peu connus. On évalue la population à environ 6 millions d'individus.

83. CONGO. — Le Congo, au S. de la Guinée, se divise en : 1° *Loango*, 2° *Congo* propre, capitale SAN-SALVADOR ; 3° *Angola*, capitale SAINT-PAUL DE LOANDA, chef-lieu des établissements portugais ; 4° *Benguela*, capitale SAINT-PHILIPPE, aussi aux Portugais.

La population est d'environ 5 millions d'habitants, nègres idolâtres. La chaleur du climat de la Guinée et du Congo est insupportable pour les Européens. Le sol est fertile, mais l'air malsain. Les grands animaux y sont nombreux. Les produits sont l'ivoire, l'or et les épices.

4

84. SOUDAN. — Le Soudan occupe le centre de l'Afrique au N. de l'équateur. Les principaux États sont : le *Bambarah*, capitale SÉGO ; le royaume de TEN-BOCTOUE ; le royaume de *Haoussa*, habité par les *Peuls* ou *Fellatahs*, capitales SACKATOU et KANO ; l'*Adamoua*, capitale YOLA ; le *Bornou*, capitale KOUKA ; le *Dar-Four*, capitale TENDELTY, et le WADAY.

Le Soudan est encore mal connu, malgré de nombreux voyages. On y a reconnu la supériorité des Fellatahs mahométans sur les autres races, dont on évalue l'ensemble approximativement à 50 millions d'individus. On y cultive le riz, le coton, l'indigo, et l'on y trouve de l'or, du fer et les grands animaux de l'Afrique.

85. NIGRITIE MÉRIDIONALE. — CAFRERIE. — Nous réunissons ici sous le nom de *Nigritie méridionale* et *Cafrerie* toute la partie peu connue de l'Afrique centrale et méridionale, qui s'étend depuis le Soudan au N. jusqu'au gouvernement du Cap au S., et que l'on peut diviser en : 1° *Nigritie méridionale*, aux environs des grands lacs ; 2° *Cimbebasie*, au S. du Congo ; 3° *Cafrerie* proprement dite, entre le Congo et le Mozambique ; 4° *Hottentotie*, au N. du gouvernement du Cap.

Les principaux peuples, qui sont évalués approximativement à 60 millions d'individus, sont les *Kazembes*, les *Maravis*, sur le Zambèze, les *Makololos*, sur ce fleuve et le lac N'gami ; les *Béchuanas*, plus civilisés, sont au S. Leurs principales villes sont KAWÉLÉ, KOURRITCHANÉ et le NOUVEAU LITAKOU. Les Hottentots n'ont que des villages dont GRIKA-TOWN est le plus important.

86. GOUVERNEMENT DU CAP. — RÉPUBLIQUES TRANSVAALTIQUE ET ORANGE. — Le gouvernement du Cap situé au S. de la Cafrerie forme l'extrémité de l'Afrique. (Voir le n° 93.)

Au N. E. du gouvernement du Cap, sur les bords du fleuve Orange, les *Boers*, descendants des Hollandais, ont fondé deux petits États indépendants : la **République Transvaaltique**, cap. POTCHEFSTROM, et la **République Orange**, cap. SMITHFIELD.

87. MOZAMBIQUE. — Le Mozambique est borné au N. O., à l'O. et au S. O. par la Cafrerie, par le canal de Mozambique au S. E., par le Zanguebar au N. E. Environ 12 millions d'habitants. Il appartient en grande partie aux Portugais, qui y ont fondé d'importants établissements. (Voir le n° 94.)

88. MADAGASCAR. — L'île de Madagascar (*Nossi N° Dambo*), située à l'E. du Mozambique et séparée de l'Afrique par le canal de ce nom, est l'une des plus grandes îles du globe ;

elle est couverte en partie de montagnes et de forêts riches en bois précieux, fertile mais malsaine sur les côtes. Sa population est de 5 millions et demi d'habitants, divisés en plusieurs royaumes dont le plus puissant est celui des *Hovas*, au centre de l'île; capitale TANANARIVE (50,000 hab.). Villes remarquables : *Tama ave* et *Foulpointe*.

89. ZANGUEBAR. — Le Zanguebar est borné au S. O. par le Mozambique, par la mer des Indes au S., la côte d'Ajan au N. E., et la Cafrerie à l'O. Il est divisé en États tributaires de l'iman de Maskate, dont les principaux sont ceux de QUILOA, ZANZIBAR, MOMBAZA, MÉLINDE et MAGADOXO.

Il y a environ 10 millions d'habitants, mahométans et idolâtres, en y comprenant la population de tous les États africains de l'iman de Maskate. Le pays est chaud et marécageux; il produit beaucoup d'ivoire dont le port de l'île de *Zanzibar* fait un grand commerce.

90. AJAN. — La côte d'Ajan est bornée au S. O. par le Zanguebar, à l'E. par l'Océan indien, au N. par le détroit de Bab-el-Mandeb et l'Abyssinie, à l'O. par la Nigritie méridionale. Elle se divise en *côte d'Ajan* proprement dite, le long de la mer des Indes, comprenant l'ancien *royaume d'Adel*, et en côte des *Somaulis*, peuple mahométan intelligent qui possède les ports de BARBORA et ZEILAH; et enfin le royaume de *Harrar*, au S. O.

La population est d'environ 400,000 habitants, pasteurs qui font le commerce d'esclaves, de bestiaux et de parfums.

§ III. COLONIES EUROPÉENNES.

91. COLONIES FRANÇAISES. — Les colonies françaises en Afrique sont :

1° *L'Algérie*, la plus considérable de toutes les possessions françaises. Elle se divise en trois provinces qui portent le nom de leurs chef-lieux, savoir : ALGER, au milieu, capitale de la colonie, avec de magnifiques établissements militaires et maritimes; elle possède aussi un archevêché, une cour impériale et un lycée (70,000 hab.). — *Constantine*, à l'E., ville très-forte, sur le Rummel; — et *Oran*, à l'O., au bord de la Méditerranée, dans une situation pittoresque, voisine de *Mers-el-Kebir*, qui lui sert de port. Les trois provinces contiennent en outre un grand nombre d'autres villes que la colonisation tend chaque jour à développer.

L'Algérie se divise naturellement en deux parties : le *Tell*, contrée riche qui produit le blé, et le *Sahara*, pays où les eaux sont rares, et qui ne produit naturellement que des pâturages. Le climat est celui du midi de la France, et les produits, qui tendent à augmenter rapidement sous les efforts des colons, sont, outre le blé et toutes les céréales, les riches cultures du coton, du tabac, du nopal qui produit la cochenille, etc. — La population est d'environ 2 millions et demi d'habitants, dont 218,000 Européens, appartenant pour la majorité à la religion catholique, et le reste composé des indigènes, Arabes, Turcs, etc., qui professent la religion mahométane.

2° Le *Sénégal*, comprenant les établissements formés sur le cours du fleuve de ce nom dans les provinces du *Oualo*, du *Dimar*, du *Fouta*, et dans celle du *Cayor*, conquises depuis 1854 ; et d'autres répartis sur divers points de la côte occidentale d'Afrique, comprenant une population coloniale de 170,000 habitants.

Ces établissements forment trois arrondissements, savoir : 1° *arrondissement de Saint-Louis*, chef-lieu SAINT-LOUIS, sur une île du Sénégal, capitale de la colonie. Cet arrondissement comprend les divers comptoirs fortifiés de *Lamsar*, *Richard Toll*, *Merinaghen*, *Daghana* (1,500 hab.), *Podor*, etc.; 2° *l'arrondissement de* BAKEL porte le nom de son chef-lieu (2,500 hab.) ; il comprend le cours supérieur du fleuve, et les comptoirs de *Médine*, *Senoudebou*, *Keniéba*, etc. ; 3° *l'arrondissement de Gorée*, chef-lieu GORÉE, dans une petite île, près du cap Vert, comprend en outre les comptoirs de *Dakar*, port nouvellement construit sur l'Océan, de *Sedhiou*, sur la Casamance, de *Grand-Bassan* et d'*Assinie*, situés plus au sud, à l'entrée du N. O. du golfe de Guinée, et celui du *Gabon*, sous l'équateur, au S. du golfe de *Biafra*.

3° L'*île de la Réunion*, au S. E. de l'Afrique, dans la mer des Indes (population 206,000 hab.), chef-lieu *Saint-Denis*. On y rattache les établissements de *Sainte-Marie*, de *Nossi-Béh* et de *Mayotte* (23,000 hab.), formés dans de petites îles voisines de Madagascar.

92. LES COLONIES ESPAGNOLES comprennent :

1° Les *Présides du Maroc* ou villes fortes situées sur la côte N. de cet empire, savoir : CEUTA, MELILLA et PEGNON DE VELEZ.

2° *L'archipel des Canaries*, à l'O. du Maroc et au S. de Madère, groupe composé de sept grandes îles et de plusieurs petites : elles sont très-fertiles, et peuplées de 200,000 habitants. Les principales sont *Ténériffe*, la plus considérable par son commerce, par ses richesses et par sa population, qui est de 60,000 habitants; capitale LAGUNA; mais SANTA-CRUZ en est le port principal. — *Canarie*, qui a donné son nom au groupe; capitale PALMA. — *Fer*, où passait jadis le premier méridien.

3° L'île d'*Annobon* dans le golfe de Guinée.

93. LES COLONIES ANGLAISES sont :

1° En *Sénégambie* de nombreux établissements, dont les principaux sont : BATHURST, le fort *James*, *Pisania*, et plusieurs comptoirs sur la Gambie.

2° Sur la côte de *Guinée* il possèdent FREE-TOWN, *Cap Corse* et *Lagos*. Dans le *Golfe de Guinée*, ils possèdent les îles de *Fernando-Pô*. — L'*Ascension*, au S. O., rocher stérile, sur lequel ils ont fondé la petite ville de GEORGE-TOWN. — *Sainte-Hélène*, au S. E. de l'Ascension, peuplée de 3,000 habitants; fameuse par la détention et la mort de Napoléon, capitale JA-MES-TOWN. — Les îles de *Tristan d'Acunha*, plus au S. O.

3° Le *Gouvernement du Cap*, importante colonie fondée par les Hollandais et conquise par les Anglais, est situé au S. de l'Afrique, dont la capitale est le CAP; ville remarquable PORT-NATAL.

Le climat est tempéré et les productions sont celles de l'Europe. Le cap de Bonne-Espérance a reçu ce nom des Portugais, qui le découvrirent en 1483 et le doublèrent en 1497. Cette colonie a 950,000 habitants.

4° L'*île Maurice* (ancienne *île de France*), à l'E. de Madagascar, peuplée de 323,000 habitants, est fertile en sucre, indigo, muscade, etc.; capitale, PORT-LOUIS; les Anglais l'ont prise à la France, ainsi que l'île *Rodriguez*, située plus à l'E. — Les *Seychelles* au N. E. de Madagascar, divisées en deux groupes, savoir : les îles *Mahé*, ainsi nommées de *Mahé*, la plus grande de toutes, et les *Amirantes*.

94. LES COLONIES PORTUGAISES sont :

1° Les *Açores*, au nombre de dix, peuplées de 250,000 habitants; elles jouissent d'un climat délicieux. La principale est *Terceira*, qui a une capitale fortifiée, nommée ANGRA, siége du gouvernement et de l'évêché des Açores.

2° *Madère*, au S. E. des Açores, au Portugal; fameuse par son vin. Elle a 150,000 habitants; capitale FUNCHAL.

3° Les *îles du Cap-Vert*, au nombre de vingt, et peuplées de 65,000 habitants. — *Santiago* est la principale; elle est fertile, mais l'air y est malsain. VILLA DE PRAYA, sur la côte S. E., est sa capitale.

Il faut encore citer dans le golfe de Guinée les îles du *Prince*
et de *Saint-Thomas* (10,000 habitants).

4° Dans la *Sénégambie*, quelques établissements au
S. O. dont le chef-lieu est CACHAO, petite ville de 500 habitants ; et sur la côte, les îles fertiles de *Bissagos*, avec un fort
sur celle de *Bissao*, la plus grande du groupe et ayant environ
170 kilomètres de tour.

5° Dans le *Congo*, où ils possèdent à peu près complètement les royaumes d'*Angola* et de *Benguéla*, dont les capitales
sont : SAINT-PAUL DE LOANDA et SAINT-PHILIPPE DE BEN-
GUÉLA.

6° Sur la côte de *Mozambique*, où ils ont établi la
capitainerie du même nom, divisée en 7 gouvernements dont
les villes principales sont : MOZAMBIQUE, QUILIMANE et TÈTE.
Les habitants, y compris les indigènes, sont environ 3 millions
et demi. Ce pays est fertile et bien arrosé. On y recueille de
l'ivoire et de la poudre d'or.

95. HOLLANDAIS, DANOIS ET ANGLO-AMÉRICAINS.

Les *Hollandais* possèdent sur la côte de Guinée le
comptoir de SAINT-GEORGE DE LA MINE, et les DANOIS celui
de CHRISTIANSBORG.

A ces nations européennes il faut ajouter les *Anglo-
Américains*. qui ont fondé sur la côte de *Guinée*, au S. E.
de Sierra-Leone, un établissement destiné aux nègres rendus à
la liberté. Aujourd'hui, *Libéria* est une république indépendante sous la protection des États-Unis; sa capitale est
MONROVIA.

QUESTIONNAIRE. — 74. Comment se divise l'Afrique? — Combien
de contrées renferme-t-elle? — § 1er. 75 Quelles sont la position et les
limites de l'Egypte? — Comment se divise l'Egypte? — Quelles sont
ses principales villes? — Quelles sont les oasis qui dépendent de l'E-
gypte? — Quelles sont les villes principales de la Nubie? — Quels sont
la population et le gouvernement de cet Etat ?—76. Quelles sont les bornes
de l'Abyssinie? — Quels sont sa population, sa religion et son gouvernement?—Quelles en sont le principales villes?—Quels sont le climat,
l'aspect général et les produits de l'Egypte, de la Nubie et de l'Abyssinie? — 77. Quels Etats comprend la côte de Barbarie? — Quelle religion
y est observée? — Quels en sont le climat et les produits? — Quels
sont les bornes, la population, le gouvernement et les principales villes
de l'Etat de Tripoli et de celui de Tunis? — 78. Quels sont les bornes,
les divisions, le gouvernement et la population du Maroc? — Quelles
en sont les principales villes? — 79. Où est situé le Sahara? — Quelles
sont ses bornes et sa population? — Quel Etat est fondé sur la côte de
l'Atlantique? — §. II. 80. Comment se divise l'Afrique centrale et
méridionale? — 81-82. Quels sont les bornes, les habitants et les produits de la Sénégambie et de la Guinée?— 83. Quelles sont la position,
les divisions et les villes du Congo? — Quelle est sa population ?—

Quels sont l'aspect général, le climat et les produits de ces pays? — 84. Quelles sont les bornes, les divisions et les villes principales du Soudan? — 85. Qu'entend-on par Nigritie méridionale et Cafrerie? — Quelles peuplades l'habitent? — Quelles villes y connaît-on? — 86. Quelles sont la position et les capitales des républiques indépendantes fondées par les Boers? — 87. Quelles sont les bornes de la capitainerie de Mozambique? — A qui appartient-elle? — 88. Faites connaître Madagascar, ses habitants et ses villes principales? — 89. Quelles sont les bornes du Zanguebar? — Quelles en sont la population, les divisions et les villes principales? — 90. Quels sont les bornes, les divisions, la population et les produits de la côte d'Ajan? — § III. 91. Faites connaître les colonies françaises de l'Afrique? — Quelles sont les divisions et les villes de l'Algérie? — 92 Quelles sont les colonies espagnoles? — 93. Quelles sont les possessions anglaises? — 94. Quelles sont les possessions portugaises? — 95. Que possèdent les Hollandais, les Danois et les Anglo-Américains?

CHAPITRE HUITIÈME

AMÉRIQUE DU NORD.

—

SOMMAIRE.

96. L'AMÉRIQUE, découverte en 1492 par Christophe Colomb, a reçu le nom du Florentin Améric Vespuce. Elle se divise en deux vastes péninsules : Amérique du Nord et Amérique du Sud.

§ Ier. 97. L'AMÉRIQUE DU NORD est bornée par le Grand Océan, l'isthme de Panama, la mer des Antilles, l'Atlantique et l'Océan Glacial Arctique. — Le contour offre un triangle irrégulier, très-profondément découpé à l'E. et peu sinueux à l'O. — La partie S., nommée Amérique centrale, présente les isthmes de Panama, Nicaragua et Téhuantépec. — La superficie est de 20 millions de kilomètres carrés.

98. Les MERS qui entourent l'Amérique du N. sont : 1° l'Océan Atlantique, formant, au S., la mer des Antilles, qui forme elle-même le golfe du Mexique, la baie de Campêche et les trois détroits de la Floride, du Vieux et du Nouveau canal de Bahama; au N.-E. le golfe Saint-Laurent et le détroit de Belle-Isle; au N. la mer des Eskimaux, qui communique avec celle de Baffin par le détroit de Davis, avec la baie d'Hudson par le détroit d'Hudson. — 2° L'Océan Glacial Arctique, formant la mer de Baffin qui communique par les détroits de Lancastre, Barrow et Banks avec la partie O. de ce même Océan, et par ceux du Prince Régent et de Fox avec la baie d'Hudson. — 3° Le Grand Océan, communiquant avec l'Océan Glacial par le détroit de Behring, et formant les golfes de Norton, de Californie et de Téhuantépec.

99. Les PRESQU'ÎLES et les CAPS sont, sur l'Atlantique : le cap Farewell, le Labrador avec le cap Charles, la Nouvelle-Écosse, le cap Hat-

teras, la Floride, avec le cap Sable, le Yucatan sur le golfe du Mexique; — sur le Grand Océan, le cap Corrientes, la Vieille-Californie avec le cap San-Lucas et l'Alaska.

100. Les principales ÎLES sont : le Groënland, l'archipel de l'Océan Glacial, au N.; dans l'Atlantique : l'Islande, Terre-Neuve, Long-Island, les Bermudes, les Lucayes les Grandes et les petites Antilles; dans le Grand Océan : les îles Aléoutiennes, du Prince de Galles, de la Reine Charlotte, Quadra et Vancouver et Révilla Gigédo.

101. La chaîne des MONTAGNES ROCHEUSES divise l'Amérique du Nord en deux versants; celui de l'E. est le p us considérable; il se subdivise en trois : 1º bassin de l'Océan Glacial; 2º de l'Atlantique; 3º du golfe du Mexique. — Les principa es chaînes de montagnes sont les monts Océaniques, les montagnes Rocheuses, qui traversent toute l'Amérique du Nord, et les monts Alléghany.

102. Les principaux LACS sont · les lacs Supérieur, Michigan, Huron, Erié, Ontario, Champlain, des Bois, Winnipez, des Rennes, Wollaston, des Montagnes, de l'Esclave et du Grand-Ours au N., Salé au centre, Nicaragua au S.

103. FLEUVES. La mer des Antilles et le golfe du Mexique reçoivent: 1º le Mississipi, grossi du Missouri, de l'Arkansas, de la rivière Rouge et de l'Ohio; et 2º le Rio Bravo del Norte;—l'Atlantique : le Saint-Laurent et tous l s petits fleuves de l'E. des Etats-Unis; — l'Océan Glacial : la Mackensie, le N lson et le Saskatchavan, la Severn et l'Albany; — le Grand Océan : la Columbia, le Sacramento et le Rio Colorado.

104. L'Amérique du Nord compte 41 millions d'HABITANTS; elle a été peuplée par un rameau de la race *jaune* (4,500,000 hab.) et récemment par les nations *blanches* de l'Europe, qui dominent dans les Antil es et dans les Etats de l'Union Américaine (31 millions), lesquels renferment beaucoup de *nègres* (5 millions). Le reste de la population est formé de métis des trois races. Les divers cultes de la religion chrétienne remplacent le paganisme des nations indigènes.

105. L'immense étendue de l'Amérique présente tous les CLIMATS et les PRODUCTIONS les plus variées. La température, généralement humide, est très-chaude vers le S. Elle a des forêts épaisses et produit la canne à sucre, le cotonnier, le café.er, l'indigo, des bois de teinture, le cacao, le riz, etc. Elle a pa tout de nombreux animaux domestiques et peu de bêtes féroces, seulement quelques reptiles dangereux dans les contrées de l'O. et du S.

§ II. 106. L'Amérique du Nord comprend neuf ÉTATS indépendants, outre les colonies de six nations européennes.

107. Les ETATS-UNIS, au centre de l'Amérique du Nord, se composent de quarante Etats, plus six territoires et un district. dont les villes remarquables sont New-York, Washington, Boston, Chicago, la Nouvelle-Orléans et San-Francisco.

108. Ces Etats forment une confédération républicaine qui compte 34 millions d'habitants. — Le pays est fertile; le climat et les produits varient suivant la latitude.

109. Le MEXIQUE, au S. E. des États-Unis, est une république de

8 millions d'habitants catholiques. Les principales villes sont : Mexico, capitale ; Saint-Louis de Potosi et la Véra-Cruz. — Le climat est généralement salubre et le pays riche en métaux précieux.

110. L'AMÉRIQUE CENTRALE, au S. du Mexique, contient cinq États : 1° Guatémala et 2° San-Salvador, avec des capitales du même nom ; 3° Honduras, cap. Comayagua ; 4° Nicaragua, cap. Léon ; 5° Costa-Rica, cap. San-José. Le climat est tempéré, mais les tremblements de terre sont fréquents. 2 millions et demi d'habitants.

111. Les Antilles se divisent en Lucayes, Grandes Antilles et Petites Antilles. — HAÏTI est une des grandes ; elle contient deux États : la république d'Haïti, cap. Port-au-Prince, et celle de Santo-Domingo, avec une capitale du même nom. — Les Antilles ont 3 millions d'habitants, noirs en majorité. Les tremblements de terre y sont fréquents.

§ III. 112. L'AMÉRIQUE ANGLAISE comprend la Nouvelle-Bretagne et les îles. — La Nouvelle-Bretagne se divise en Labrador, Nouvelle-Écosse, Nouveau-Brunswick, Canada (v. princ. Quebec), Nouvelle-Galles, Région des lacs, et Région entre les montagnes Rocheuses et l'Océan. A la Nouvelle-Bretagne se rattachent les îles de Terre-Neuve, Saint-Jean, à l'E. ; Quadra et Vancouver, à l'O. Le pays est très-froid et peu habité. — Les îles sont les Bermudes, cap. Saint-Georges ; les Lucayes ; la Jamaïque, cap. Kingstown, et plusieurs Petites Antilles. — Dans le Yucatan, les Anglais possèdent la colonie de Balize.

113. Les Français possèdent la Martinique, cap. Fort-de-France ; la Guadeloupe, la Désirade, Marie-Galante et la moitié de Saint-Martin

114. Les Espagnols possèdent Cuba, capitale la Havane, et Porto Rico, cap. San-Juan.

115 Les Hollandais possèdent Curaçao, Saint-Eustache, Saint-Martin et Saba. — Les Danois ont l'Islande, cap. Reykiavik ; le Groënland ; Saint-Thomas et Sainte-Croix, aux Antilles. — Les Suédois possèdent l'île Saint-Barthélemy.

96. AMÉRIQUE. — L'Amérique forme la quatrième partie du monde ; elle fut découverte en 1492, par le marin génois Christophe Colomb, qui aborda à l'une des îles de Bahama, et ensuite à Saint-Domingue. En 1497, le Florentin Améric Vespuce, ayant découvert la partie méridionale, publia une relation de son voyage dans cette partie du monde, qui prit de lui le nom d'*Amérique*. — Son étendue, du N. au S., dépasse 14,000 kilomètres. — Elle se divise naturellement en deux grandes péninsules, réunies entre elles par l'isthme de *Panama*, et qui portent les noms d'*Amérique du Nord* et d'*Amérique du Sud*.

4.

§ I. AMÉRIQUE DU NORD (1). — GÉOGRAPHIE PHYSIQUE.

97. Situation. — Limites. — Forme générale du contour. — Superficie. — L'Amérique du Nord ou *Amérique septentrionale*, qui s'étend au S. jusqu'au 9ᵉ degré de latitude N., se prolonge vers le pôle Arctique jusqu'à une latitude inconnue. Elle est comprise entre le 16ᵉ et le 170ᵉ degré de longitude O. — Elle est bornée: à l'O., par le Grand Océan; au S., par l'isthme de Panama et la mer des Antilles; à l'E., par l'Océan Atlantique; au N. par l'Océan Glacial et des contrées presque inexplorées, avec des mers toujours glacées qu'aucun vaisseau n'a encore pu traverser, bien que l'on y ait reconnu l'existence d'un passage.

La forme générale de l'Amérique du Nord est un triangle irrégulier. La côte orientale ou de l'Atlantique est fort découpée et présente plusieurs presqu'îles très-saillantes, plusieurs golfes profonds; la côte occidentale ou du Grand Océan est plus régulière, bien qu'elle présente une profonde déchirure. On évalue la superficie de l'Amérique du Nord à plus de 20 millions de kilomètres carrés.

La partie la plus méridionale de l'Amérique du Nord, qui a reçu le nom d'*Amérique Centrale*, forme, entre les deux parties du nouveau continent, un lien marqué en plusieurs endroits par des étranglements, dont les isthmes de *Panama*, *Téhuantépec* et *Nicaragua* sont les plus remarquables.

98. Mers et golfes. — L'Amérique du Nord est, comme nous l'avons dit en indiquant ses limites, entourée par 3 grands Océans qui forment sur ses rivages un grand nombre de mers, de détroits et de golfes dont nous indiquerons les plus remarquables, en faisant la circumnavigation de cette partie de l'Amérique, en partant du S. E., pour revenir par le N. jusqu'au S. O.

L'*Océan Atlantique*, qui sépare l'ancien continent du nouveau, forme entre les deux Amériques la grande Mer des Antilles, qui forme elle-même au S. de l'Amérique du Nord le vaste *golfe du Mexique*, dont la partie S. O. prend les noms de *Baie de Honduras*, puis de *golfe de Campêche*. Ce même golfe du Mexique communique au N. E. avec l'Océan Atlantique par le *détroit de la Floride*, et par le *Nouveau* et le

_____

(1) Consulter, dans mon *Atlas historique et géographique à l'usage des Collèges*, les cartes de l'Amérique du Nord, des États-Unis et de l'Amérique centrale.

Vieux Canal de Bahama. — Plus au N. E., l'Océan Atlantique forme, sur la côte orientale des Etats-Unis, la *baie de Chesapeake*, celle de *Fundy* et le golfe *Saint-Laurent* qui, avec le *détroit de Belle-Isle*, sépare du continent la grande île de Terre-Neuve. — Au N. de cette île, l'Atlantique forme la *mer des Eskimaux*, qui communique d'un côté, par le *détroit d'Hudson*, avec la vaste *baie d'Hudson*, terminée au S. E. par la baie de *Jones*; et de l'autre côté, par le large *détroit de Davis*, avec la *mer de Baffin*, l'une de celles formées par l'Océan Boréal.

L'Océan Boréal ou **Glacial Arctique** est, comme nous l'avons dit, parsemé d'îles qui y forment un immense archipel et que séparent entre elles de nombreux détroits et bras de mer dont nous nommerons seulement les plus remarquables, savoir : la *mer de Baffin*, qui forme la baie *Melville* à l'E., et dans laquelle s'ouvre au N. le détroit de *Smith* qui la fait communiquer avec la *mer Polaire de Kane*, et à l'E. le détroit de *Lancastre* qui, continué par ceux de *Barrow* et de *Banks*, unit cette mer à la partie occidentale de l'Océan Glacial, et constitue le passage du *Nord-Ouest* si longtemps cherché, et reconnu en 1853 par le capitaine Mac-Clure. — Au S. E. du détroit de *Lancastre*, s'ouvre la *passe du Prince-Régent*, qui, par le golfe *Boothia*, le détroit du *Fury* et de l'*Hécla*, et le large *canal de Fox*, nommé quelquefois *mer Christiane*, va au S. rejoindre l'entrée de la baie d'*Hudson* et le détroit de *Frobisher*.

Le Grand Océan communique avec l'Océan Boréal ou Glacial Arctique par le *détroit de Behring*, qui sépare l'Amérique de l'Asie ; il forme, au S. E. de ce détroit, le *golfe de Norton*, celui de *Cook*, et les nombreux détroits situées entre le continent et les îles de l'archipel Quadra et Vancouver, parmi lesquels le plus remarquable est celui de la *Reine Charlotte*. — Plus au S. E., il forme, sur la côte occidentale du Mexique, le *golfe de Californie* ou la *mer de Cortès*, appelée aussi *mer Vermeille*, qui s'enfonce profondément dans les terres, et, beaucoup plus au S. E., le *golf de Téhuantepec*, qui donne son nom à un des isthmes formés par l'Amérique centrale.

99. Presqu'iles et Caps. — Les points saillants de l'Amérique du Nord sont : sur l'Atlantique, le cap *Farewell* au S. du Groënland ; la presqu'île du *Labrador*, au N. E., entre le golfe Saint-Laurent et la baie d'Hudson, terminée à l'E. par le cap *Charles*; la *Nouvelle-Ecosse*, entre la baie de Fundy et l'Océan ; le cap *Hatteras*, à l'E. de la Caroline ; la presqu'île de la *Floride Orientale*, au S. des Etats-Unis, entre l'Océan et le golfe du Mexique, terminée par le cap *Sable* ; le *Yucatan*, au N. O. du Guatémala, dans le golfe du Mexique, terminé par le cap *Catoche* ; le cap *Gracias-a-Dios*, à l'E. du Honduras.

Sur le Grand Océan, les principales saillies sont : le cap *Corrientes*, à l'O. du Mexique ; la presqu'île de la *Vieille Californie*, à l'O. du Mexique, entre le golfe de Californie et le Grand Océan, terminée par le cap *San-Lucas* ; le cap *Mendocino*, à l'O. de la Californie ; la presqu'île de l'*Alaska*, qui forme avec les îles Aléoutiennes une espèce de chaîne qui rattache l'Amérique à l'Asie ; et enfin le cap *Romanzoff*, au N., près du détroit de Behring.

100. ILES PRINCIPALES. — Outre le vaste archipel situé au N. de l'Amérique, et dans lequel on distingue la grande terre du *Groënland*, les terres *Grinnel*, *Ellesmere*, du *Roi Guillaume* et de *Cumberland*, les îles du *Sommerset* et du *Devon septentrional*, du *Prince de Galles*, du *Prince Albert*, de *Cornwallis*, *Melville*, *Banks*, l'archipel *Parry*, etc., on considère encore comme des dépendances de l'Amérique du Nord : — Dans l'Océan Atlantique : l'*Islande*, au N. E. ; *Long-Island* ou l'*Ile-Longue* sur les côtes des Etats-Unis ; *Terre-Neuve*, avec les îles de *Saint-Pierre* et *Miquelon* qui en sont voisines ; celles d'*Anticosti* et du *cap Breton*, les *Bermudes* et les *Lucayes*, parmi lesquelles se trouve *San-Salvador*, la première terre américaine découverte par Christophe Colomb ; — entre l'Atlantique et le golfe du Mexique : les *Antilles*, divisées en grandes, savoir : *Haïti*, *Cuba*, *Porto-Rico*, la *Jamaïque*, et un grand nombre de petites : *Saint-Christophe*, *Antigoa*, la *Guadeloupe*, la *Dominique*, la *Martinique*, *Sainte-Lucie*, la *Barbade*, la *Trinité*, *Curaçao*, etc. — Enfin, dans le Grand Océan : les îles *Aléoutiennes* et *Sitka* ; les archipels du *Prince de Galles*, de la *Reine Charlotte*, *Quadra* et *Vancouver*, et les îles *Revilla Gigédo*, beaucoup plus au S. E.

101. MONTAGNES ET VERSANTS. — L'Amérique du N. est divisée en deux VERSANTS par les chaînes des *montagnes Rocheuses*, qui la traversent dans toute sa longueur. Le plus considérable des deux versants est celui de l'E. ou de l'Atlantique ; celui du Grand Océan est beaucoup moins vaste à cause de la proximité des montagnes. — Le versant E. se divise lui-même en 3 versants ou bassins secondaires : 1° celui de l'Océan Glacial ; 2° celui de l'Atlantique proprement dit, limité en grande partie par les monts Alléghany ; 3° enfin celui du golfe du Mexique, compris entre ces dernières montagnes et les montagnes Rocheuses, où coule l'immense fleuve du Mississipi.

Les principales **chaînes de montagnes** de l'Amérique sont : — les monts *Océaniques* et des *Cascades*, qui suivent la côte du Grand Océan et vont se terminer au cap San-Lucas ; le mont *Saint Élie*, de 5,444 mètres de hauteur, est le sommet le plus élevé de cette chaîne. — Les **montagnes Rocheuses**, qui paraissent traverser toute l'Amérique du Nord, depuis les rivages de l'Océan Glacial Arctique. Cette chaîne, qui dans les possessions anglaises du Nord, nommées Nouvelle-Bretagne, atteint des hauteurs considérables : au mont *Murchison* (13,500 pieds anglais), et au mont *Forbes* (13,400 pieds anglais), se maintient vers la même hauteur (12,000 pieds, environ 3,500 mètres) au mont *Hood*, et peut-être plus haut au mont *Rainier*, dans les Etats américains de Washington et d'Orégon. Après s'être séparée en deux branches, dont l'une porte le nom de *Sierra Nevada*, dans la Californie, à l'O., tandis que la principale limite à l'E. les prairies du Far-West américiain, cette immense chaîne de montagnes prend le nom de *Sierra Madre* et de *Cordillère d'Anahuac* dans le Mexique, où elle se maintient à une hauteur moyenne de 1,300 à 2,000 mètres. Elle contient de nombreux volcans, dont les principaux sont : le *Popocatepetl* (5.5 0 mètres), et le pic d'*Orizaba* (plus de 4.400 mètres), et qui sont les plus hautes montagnes de l'Amérique du Nord. Cette partie de la chaîne renferme des mines d'or et d'argent, qui produisent des richesses incalculables depuis vingt ans. Outre ces deux chaînes, on trouve, à l'E., celle des monts *Alléghany*, nommés aussi *Apalaches* dans leur partie méridionale, et dont la partie la plus orientale porte le nom particulier de *montagnes Bleues*. Elles traversent les Etats-Unis du N. E. au S. O., dans une longueur d'environ 1,300 kilomètres sur 90 à 270 de largeur.

102. Lacs. — Tout le N. de cette partie de l'Amérique est couvert de lacs considérables, dont les principaux sont : 1° entre le Canada et les Etats-Unis, les lacs : *Supérieur*, de 2,200 kilomètres de circuit, le plus grand de tous ceux de l'Amérique ; *Michigan*, de 412 kilomètres de long sur 90 de large ; *Huron*, de 300 kilomètres de long sur 265 de large ; *Erié*, de 330 kilomètres de long sur 40 à 60 de large ; et *Ontario*, d'environ 900 kil. de tour. Ces cinq lacs se déchargent l'un dans l'autre ; les deux derniers sont réunis par le *Niagara*, qui, à 18 kilomètres au-dessus de son embouchure dans le lac

Ontario, se précipite de 50 mètres de haut : le bruit de cette magnifique cataracte se fait entendre à 12 kilomètres. — 2° Le lac *Champlain*, au N. O. des Etats-Unis; il a 265 kilomètres de long sur 50 de large, et communique avec le fleuve Saint-Laurent par la rivière *Sorrel*. — 3° Les lacs des *Bois*, *Grand* et *Petit Winnipeg* et *Manitouba*, dont les eaux s'écoulent dans la baie d'Hudson par diverses rivières. — 4° Enfin les lacs des *Rennes*, *Wollaston*, *Athabasca* ou des *Montagnes*, le petit lac de l'*Esclave*, qui réunissent leurs eaux à celles de plusieurs autres, pour les porter par la rivière de l'Esclave au *grand lac de l'Esclave;* celui-ci enfin et le lac du *Grand Ours* se déversent dans la *Mackenzie*, qui porte toutes ces eaux dans l'Océan Boréal. — Dans le centre de l'Amérique on trouve le lac *Salé* à l'O., et enfin, dans l'Amérique centrale, le lac de *Nicaragua*, important par sa situation comme moyen de transit entre les deux océans qui baignent cette partie du monde.

105. FLEUVES PRINCIPAUX. — On distingue dans l'Amérique du Nord 5 fleuves principaux et un grand nombre de rivières qui se partagent de la manière suivante entre les mers qui entourent ce vaste pays, lequel se trouve, ainsi que nous l'avons dit (n° 101), divisé en 4 grands bassins maritimes.

Au bassin de la **mer des Antilles** et du **golfe du Mexique** appartiennent : — le *Mississipi* ou *Meschascébé*, qui prend sa source au N. des Etats-Unis, qu'il traverse dans toute leur longueur, et se jette dans le golfe du Mexique, après un cours estimé à 6,500 kilomètres, et dans lequel il reçoit à sa gauche l'*Ohio* qui sort des monts Alléghany, et se grossit du *Kentucky*, du *Cumberland* et du *Tennessée;* et à sa droite le *Missouri*, l'*Arkansas* et la rivière *Rouge*, qui sortent des montagnes Rocheuses. Le Missouri, dont le cours n'a pas moins de 4,300 kilomètres, devrait être considéré comme le fleuve principal, et le Mississipi comme l'un de ses affluents. Ce fleuve amène les eaux des rivières *Plate*, *Nebraska*, *Kansas*, qui donnent leur nom à deux territoires des États-Unis, et *Osage*. — Le *Rio Bravo del Norte*, qui sort aussi des montagnes Rocheuses et tombe dans le golfe du Mexique, après avoir formé la limite commune des États-Unis et du Mexique. — Le *San-Juan*, dans l'Amérique centrale, porte au golfe du Mexique les eaux du lac de *Nicaragua*, et partage l'importance que le transit donne à ce lac.

Au bassin de l'**Océan Atlantique** appartiennent tous les petits fleuves qui arrosent la partie orientale des Etats-Unis, et parmis lesquels on distingue l'*Hudson*, le *Potomac*, puis le grand fleuve *Saint-Laurent*, qui sort du lac Ontario, grossi des eaux de tous les grands lacs de cette partie de l'Amérique, traverse une partie du Canada, et va se jeter dans le golfe auquel il donne son nom, par une embouchure de 130 kilomètres de largeur.

Le plus grand fleuve de l'**Océan Boréal** est la *Mackenzie*, qui lui porte les eaux d'une partie des lacs du N. O. de l'Amérique; les autres s'écoulent dans la baie d'Hudson, par un assez grand nombre de fleuves, dont les principaux sont le *Churchill*, le *Nelson*, que l'on peut regarder comme la suite du *Saskatcharan*, magnifique rivière qui, sortie des montagnes Rocheuses, vient tomber dans le lac *Winnipeg*, la *Severn* et l'*Albany*.

Le **Grand Océan** reçoit : — Le *Fraser*, qui tombe dans le détroit de la *Reine-Charlotte*, la *Columbia*, qui arrose la partie la plus occidentale du territoire des États-Unis, et se grossit de la rivière de *Lewis* à gauche, et de l'*Ochenankane*, sorti du lac du même nom, à droite. — Le *Sacramento* et ses affluents dans la Californie, célèbres par les mines d'or trouvées sur leurs rives; — le *Rio Colorado*, qui arrose la Californie et tombe dans le golfe du même nom, grossi du *Rio Gila*.

104. POPULATION. — RACES. — RELIGION. — La **population** de l'Amérique du Nord monte à environ 41 millions et demi d'habitants, appartenant à diverses races. — La population indigène, qui ne monte pas aujourd'hui à plus de 4,500,000 individus, appartient à l'un des rameaux de la **race jaune**, connu sous le nom d'*Américain* ou *Cuivré;* cependant les habitants des parties les plus septentrionales paraissent appartenir au rameau *hyperboréen* de cette même race. Mais ces populations indigènes, décimées par les guerres et les maladies, disparaissent rapidement et laissent leur place aux Européens, dont les puissantes colonies dominent maintenant sur le continent, où la race blanche compte environ 32 millions d'individus. Mentionnons aussi la race nègre africaine, qui, au nombre de 5 millions environ, peuple une partie des États-Unis, et qui forme la majeure partie de la population des Antilles, dont elle possède même la portion la plus considérable. Le reste de la population se compose des individus issus du mélange des trois races principales.

Les divers cultes de la **religion chrétienne**, importés en Amérique par les colonies, y ont remplacé à peu près universellement, grâce aux efforts incessants des missionnaires, le paganisme grossier des races indigènes, qui subsiste cependant encore en partie dans les populations autochtones de l'Amérique centrale et occidentale, et parmi les nègres libres.

105. NOTIONS DIVERSES. — *Climat*. — *Productions*. — L'étendue et la situation de l'Amérique du Nord permettent d'y retrouver tous les climats et toutes les productions des autres parties du monde. Il faut cependant remarquer qu'elle est moins chaude que l'ancien continent, ce qu'il faut attribuer surtout aux montagnes élevées qui s'y trouvent, et qui donnent naissance à un nombre prodigieux de rivières et de fleuves considérables. Les métaux précieux y sont abondants, l'or surtout et l'argent, fournis en grande quantité par les riches mines de la Californie, de l'Orégon et du Colorado.

La température, généralement humide, donne à la végétation une force incroyable. Le Nord est couvert de forêts sans fin, dans lesquelles on trouve des sapins gigantesques, le chêne, le cèdre, le cyprès, le tulipier, l'acacia, le magnolia, l'érable, etc. La partie voisine de l'équateur produit le cotonnier, le caféier, la canne à sucre, l'indigo, le palmier, le cocotier et les bois de teinture, l'acajou, le quinquina, le cacao, le bananier, le cactus, le riz, etc. Le tabac et la pomme de terre sont originaires d'Amérique. Les animaux domestiques importés d'Europe se sont reproduits en Amérique d'une manière surprenante : on y rencontre l'élan, le bison, le buffle, le castor, le jaguar, l'ours, le couguar, la panthère. On y trouve de nombreux serpents, parmi lesquels le serpent à sonnettes et le boa sont les plus dangereux ; d'énormes alligators se nourrissent dans les fleuves et dans les marais qui les avoisinent.

§ II. GÉOGRAPHIE POLITIQUE.

106. DIVISION. — L'Amérique du Nord comprend 9 divisions politiques, savoir : les *Etats-Unis*, le *Mexique*, *Haïti*, *Santo-Domingo* et les Etats de l'Amérique *centrale* au nombre de 5 : *Guatémala*, *San-Salvador*, *Honduras*, *Nicaragua*, *Costa-Rica*; outre les possessions de 6 nations européennes, les *Danois*, les *Espagnols*, les *Français*, les *Anglais*, les *Suédois*, les *Hollandais*. Nous les mentionnerons successivement.

107. ETATS-UNIS (1). — BORNES. — DIVISIONS. —

---

(1) Voir, dans mon *Atlas historique et géographique à l'usage des collèges*, la carte des ETATS-UNIS, MEXIQUE, etc.

VILLES PRINCIPALES. —Les États-Unis (*United-States*) occupent une grande partie de l'Amérique du Nord. Ils sont bornés au N. par la Nouvelle-Bretagne (v. n° 112), à l'O. par le Grand Océan, au S. par le Mexique et le golfe du Mexique, à l'E. par l'Atlantique. — La contrée occupée par cette confédération se divise naturellement en 3 versants : de l'Atlantique; du golfe du Mexique; du Grand Océan. Elle renferme 40 États, 6 territoires et 1 district, répartis entre les versants de la manière suivante : celui de l'Atlantique comprend 17 États et 1 district : *Maine, New-Hampshire, Vermont, Massachussets, Rhode-Island, Connecticut, New-York, Michigan, Pensylvanie, New-Jersey, Delaware, Maryland*, district de *Colombia, Virginie, Caroline du Nord, Caroline du Sud, Géorgie* et *Floride;* — le versant du golfe du Mexique compte 18 États et deux territoires, savoir : *Wisconsin, Minnesotah, Dakotah, Nebraska, Colorado, Kansas, Iowa, Illinois, Indiana, Ohio, Kentucky, Missouri, Texas, Arkansas, Tennessée, Alabama, Mississipi, Louisiane;* territoires *Indien* et *Wyoming.*

Le versant du Grand Océan ne comprend que cinq États et quatre territoires, savoir : territoires de *Washington, de Montana, d'Idaho*, États d'*Orégon, Californie, Nevada, Utah* et *Noureau Mexique*, et territoires d'*Arizona* et de l'*Alaska* au N.; ce dernier formait autrefois l'Amérique russe.

Les villes remarquables sont : BOSTON, NEW-YORK, la plus importante ville de l'Union (1.000,000 hab.); PHILADELPHIE ; BALTIMORE, archevêché catholique ; WASHINGTON, siége du congrès et du gouvernement de l'Union, CHICAGO, CINCINNATI, SAINT-LOUIS, la NOUVELLE-ORLÉANS, et enfin SAN-FRANCISCO en Californie.

108. NOTIONS DIVERSES. — *Gouvernement.* — Les 46 républiques diverses qui forment les États-Unis ont des origines différentes; les unes sont d'anciennes colonies anglaises affranchies en 1776, d'autres ont été réunies par des traités, d'autres se sont formées par l'émigration européenne, et portent le nom de *territoire* avant de devenir États. La confédération est gouvernée par un président, un sénat et une chambre des représentants ; chaque État a ensuite son gouvernement à part.

La ***population*** générale est d'environ 34 millions d'habitants, dont 4 millions et demi de noirs et 400,000 Indiens indigènes. La religion protestante y domine; les catholiques sont cependant assez nombreux.

L'étendue est de 10 fois celle de la France; le versant de l'Atlantique est le plus peuplé et le plus commerçant; l'immense versant du golfe du Mexique est très-fertile; le versant du Grand Océan est riche en mines d'or et d'argent. Les *productions* principales de l'Union sont le sucre, le coton, le riz, les grains. Les communications y sont favorisées par la télégraphie électrique, les chemins de fer et la navigation à vapeur sur les fleuves.

109. MEXIQUE. — Le Mexique (*Mejico*), au S. E. de l'Amérique du N., est borné au N. par les États-Unis, à l'O. et au S. O. par le Grand Océan et au S. E. par l'Amérique centrale et le golfe du Mexique. Il est divisé en 26 États, plus un district. Le gouvernement est républicain. Les habitants, au nombre de 8 millions et demi, sont catholiques; la plus grande partie appartient à des races indigènes, parmi lesquelles on distingue celle des Aztèques.

Les villes les plus remarquables sont : *Durango*, *San Luis de Potosi*, MEXICO, capitale; la *Puebla*, la *Vera-Cruz*, *Guadalajara*, *Guanajuato*, *Queretaro*, etc.

Le Mexique est extrêmement riche en mines d'or et d'argent; le sol est fertile et produit le blé, le coton, le tabac, etc. Le climat est salubre sur les points élevés, mais les côtes sont souvent malsaines.

110. AMÉRIQUE CENTRALE. — L'Amérique centrale, ancien *Guatémala*, a pour bornes au N. le golfe de Honduras, le Mexique à l'O. et au S. le Grand Océan, à l'E. la mer des Antilles. Elle est divisée en 5 républiques : *Guatémala*, *San Salvador*, *Honduras*, *Nicaragua* et *Costa-Rica*, qui réunissent plus de 2 millions et demi d'habitants catholiques.

Les villes principales sont : GUATÉMALA, SAN-SALVADOR, COMAYAGUA, LÉON et SAN-JOSÉ.

La position de ce pays est magnifique entre les deux Océans; mais la fertilité du sol y est compensée par les maux causés par les tremblements de terre et les volcans.

111. ANTILLES. — HAITI. — SANTO-DOMINGO. — Les Antilles forment une chaîne qui joint les deux Amériques; elles se divisent en 3 groupes : 1° les *Lucayes*; 2° les *Grandes Antilles*; 3° les *Petites Antilles*.

Haïti est une des grandes Antilles. Elle est habitée par des noirs et divisée en 2 États : la *République d'Haïti* et celle de *Saint-Domingue* (*Santo-Domingo*); la population totale est de 935,000 habitants.

Les princ. villes de la république d'Haïti sont : PORT-AU-PRINCE, capitale, *Cap Haïtien, les Cayes, Jacmel*. Celles de la république de Saint-Domingue sont: SANTO-DOMINGO et *San-Jago*.

Les Antilles ont 350,000 kilomètres carrés et 3 millions d'habitants blancs, noirs et gens de couleur. Les plus riches productions de tous les pays couvrent le sol de ces îles, exposées malheureusement aux ouragans et aux tremblements de terre, et qui appartiennent à divers peuples européens (voir ci-après).

§ III. POSSESSIONS EUROPÉENNES.

112. AMÉRIQUE ANGLAISE. — Les possessions anglaises de l'Amérique du Nord comprennent : 1° la *Nouvelle-Bretagne;* 2° les *Antilles anglaises* et la *Colonie de Balise*.

La *Nouvelle-Bretagne* comprend tout le N. de l'Amérique, depuis le territoire d'Alaska (v. n° 107) et le Grand-Océan à l'O. jusqu'à l'Atlantique à l'E. Elle se divise en 7 contrées : *Labrador, Nouvelle-Écosse, Nouveau-Brunswick;* au N. E., *Canada;* au centre, *Nouvelle-Galles, Région des Lacs*, et la *Contrée* entre les montagnes Rocheuses et l'Océan à l'O., qui est possédée par la compagnie de la baie d'Hudson. Le *Labrador* est très-froid et habité par les Esquimaux; les Frères Moraves y ont fondé la ville de NAIN à l'E. — La *Nouvelle-Écosse* compte beaucoup de bons ports; elle a 160,000 habitants; capitale HALIFAX. — Le *Nouveau-Brunswick* a 120,000 habitants; capitale FREDERIKSTOWN. — Le *Canada*, divisé en haut et bas, a 2,530,000 habitants; capitale OTTAWA; villes principales : *Québec, York* et *Montréal*. Ces divers États sont réunis en une confédération.

Les principales îles sont : *Terre-Neuve* (120,000 hab.), *Saint-Jean,* l'*île Royale*, dans l'Atlantique, et celle de la *Reine Charlotte, Quadra* et *Vancouver*, dans le Grand Océan; cette dernière possède des établissements qui se développent rapidement.

Tout ce pays est très-froid et presque inhabité, si ce n'est vers le S. On y fait surtout le commerce des fourrures.

Antilles et Yucatan anglais. — Les îles que possèdent les Anglais, à l'O. et au S. de l'Amérique septentrionale, sont : les *Bermudes*, les *Lucayes* et plusieurs *Antilles*. — Les *Bermudes*, au nombre de 400, ont 50,000 habitants; capitale SAINT-GEORGES, sur l'île de ce nom. — Les *Lucayes*, au nombre de 500, dont les principales sont : *Bahama*, *Abaco* et *San Salvator* ou *Guanahani*.

Parmi les *Grandes Antilles*, ils possèdent la **Jamaïque,** peuplée de 402,000 habitants; capitale *Kingstown*. — Parmi les *Petites Antilles*, les îles *Vierges*, *Antigoa*, *Saint-Christophe*, *Saint-Dominique*, *Sainte-Lucie*, *Saint-Vincent*, la *Barbade*, *Tabago* et la *Trinité*.

Ils ont fondé dans le **Yucatan,** sur la côte du golfe de Honduras, une importante colonie qui porte le nom de sa capitale, BALISE, port commerçant.

113. POSSESSIONS FRANÇAISES. — La France possède, dans l'Amérique du Nord, les îles *Saint-Pierre* et *Miquelon*, près de Terre Neuve; quelques-unes des Petites Antilles, qui sont : la *Martinique*, capitale FORT-DE-FRANCE; la *Guadeloupe*, villes principales, la BASSE-TERRE et la POINTE-A-PITRE; et enfin, la *Désirade*, *Marie-Galante* et *Saint-Martin*, partagée avec les Hollandais; la population totale est de 280,000 habitants.

114. POSSESSIONS ESPAGNOLES. — Les Espagnols possèdent parmi les Grandes Antilles : 1° *Cuba* (1,500,000 hab.), dont la HAVANE est la capitale; 2° *Porto-Rico* (250,000 hab.), capitale SAN-JUAN.

115. POSSESSIONS HOLLANDAISES, DANOISES, SUÉDOISES. — Les Hollandais possèdent aux Antilles : *Curaçao*, chef-lieu WILHEMSTADT, *Saint-Eustache*, *Saint-Martin*, *Saba*.

Les **DANOIS** possèdent au N. E. l'*Islande*, capitale REYKIAVIK; le *Groënland*, chef-lieu GOTHAAB, et dans les Antilles, *Saint-Thomas*, *Saint-Jean* et *Sainte-Croix*.

Les **SUÉDOIS** n'ont que *Saint-Barthélemy*, aux Antilles.

QUESTIONNAIRE. — 96. Par qui l'Amérique fut-elle découverte ? — Quelle est son étendue ? — Comment se divise-t-elle ? — § Ier. 97. Quelles sont les bornes de l'Amérique du Nord ? — Quelle est sa forme générale ? — Quelle est sa superficie ? — 98. Quelles sont les mers qui entourent l'Amérique du Nord ? — Quels sont les golfes et les détroits formés par l'Océan Atlantique ?... Par l'Océan Glacial ?... Par le Grand Océan ? — 99. Quelles presqu'îles et quels caps se trouvent sur les côtes de l'Amérique du Nord ? — 100. Quelles sont les îles dépendantes de l'Amérique dans l'Océan Glacial ?... l'Océan Atlantique ?... la mer des Antilles ?... le Grand Océan ? — 101. En combien de versants se divise l'Amérique du Nord ? — Quelles sont les principales chaînes de montagnes de l'Amérique du Nord ? — 102. Quels sont les principaux lacs de l'Amérique du Nord ? — 103. Quels sont les fleuves d'Amérique qui se jettent dans le golfe du Mexique ?... l'Atlantique ?... l'Océan Glacial ?... le Grand Océan ? — 104. Quelle est la population de l'Amérique du Nord? — A quelles races appartient-elle? — Quelles sont les religions que l'on y suit? — 105. Quels sont le climat et les productions? — § 11. 106. Comment se divise l'Amérique du Nord? — Quels peuples européens y ont des colonies? — 107. Quelle est la situation et quelles sont les bornes des États-Unis? — Comment se divise le territoire des États-Unis? — Nommez les divers États par versants. — Quelles sont les villes principales des États-Unis? — 108. Faites connaître le gouvernement, la population et les religions de l'Union Américaine? — Quelles sont les productions des États-Unis? — Comment les communications y sont-elles établies? — 109. Quelles sont la situation et les bornes du Mexique? — Quels sont le gouvernement, la religion et la population de cet État? — Quelles sont les villes les plus remarquables, les productions et le climat du Mexique? — 110. Qu'est ce que l'Amérique centrale? — Quels États y sont installés? — Quels sont la population, la religion, les villes les plus remarquables et le climat de ce pays? — 111. Qu'est-ce que les Antilles? — Comment les divise-t-on? — En quels États se partage l'île d'Haïti et quelles en sont les villes principales? — 112. Comment se divise l'Amérique anglaise? — Faites connaître les contrées et les principales villes de la Nouvelle-Bretagne? — Quelles îles possède l'Angleterre dans l'Amérique du Nord? — Quelle est sa colonie du golfe du Mexique? — 113. Quelles sont les colonies françaises? — 114. Quelles sont les possessions des Espagnols? — 115. Quelles sont celles des Hollandais?... des Danois?... des Suédois?...

CHAPITRE NEUVIÈME

AMÉRIQUE DU SUD.

—

SOMMAIRE.

§ I. 116. L'Amérique du S. a pour LIMITES la mer des Antilles et l'isthme de Panama au N., l'Atlantique à l'E., l'Océan Austral au S., et le Grand Océan à l'O. — Elle affecte la forme d'un triangle à peu près régulier.

117. Les MERS sont : 1° la mer des Antilles où se trouvent le cap Gallibas et le golfe de Maracaïbo; 2° l'Atlantique, qui entoure les caps San-Roque et Frio, et forme les golfes de Todos-los-Santos, Saint-Antoine et Saint-Georges, puis communique par les détroits de Magellan et de Lemaire, à l'E. du cap. Horn, avec le Grand Océan ; 3° le Grand Océan forme les golfes de los Chonos, de Guayaquil et de Panama, et entoure les caps Aguja et San-Lorenzo.

118. Les ÎLES principales sont : l'archipel de la Terre de Feu, les îles Saint-Paul, Fernando Noronha, Trinité, dans l'Atlantique; l'archipel de los Chonos, les îles Chiloé, Juan-Fernandez, Saint-Félix et Gallapagos, dans le Grand Océan.

119. L'Amérique du Sud se divise en trois VERSANTS : 1° celui de la mer des Antilles; 2° celui de l'Atlantique, très-vaste ; et 3° celui

du Grand Océan, très-étroit. La principale chaîne de montagnes est l'immense chaîne des Cordillères des Andes.

120. Les principaux LACS sont ceux de Maracaïbo, Los Patos, Mirim et Titicaoa (350 kilom. de tour).

121. Les FLEUVES sont : dans le versant de la mer des Antilles, le Rio Magdalena ; dans le versant de l'Atlantique, l'Orénoque, les Amazones ou Maragnon, qui reçoit la Madeira, le Topayos, le Xingu et le Tocantin à droite : l'Yapura et le Rio Negro à gauche ; le San-Francisco, et la Plata.

122. La POPULATION dépasse 28 millions d'habitants de diverses races. Les Européens et les nègres africains suivent la religion catholique ; il y a aussi beaucoup d'indigènes idolâtres.

123. Le CLIMAT représente celui de l'Amérique du Nord, renversé du N. au S ; les productions et les animaux sont à peu près les mêmes dans les deux parties de l'Amérique.

§ II. 124. L'Amérique du S. forme quinze ÉTATS dont trois sont des colonies européennes.

125. La NOUVELLE-GRENADE, au N.-O., république de 2,800,000 habitants ; cap. Santa-Fé-de-Bogota.

126. VÉNÉZUÉLA, à l'E. ; république de 1,565,000 habitants ; cap. Caracas.

127. L'ÉQUATEUR, au N. O., république de 1 million d'habitants ; cap. Quito. — Dans ces trois États, le sol est fertile et le climat malsain sur les côtes seulement.

128. Le BRÉSIL, au S. des précédents, a 11 millions et demi d'habitants ; il se divise en vingt-deux provinces; sa cap. est Rio-Jane ro. — Il produit de l'or, des pierres précieuses, du sucre, du café, etc.

129. Le PÉROU, au S. de l'Équateur, république divisée en sept provinces; cap. Lima; a 2,500,000 habitants en grande partie indigènes. — Le pays est riche à l'E., et désert à l'O.

130. La BOLIVIE, au S. E. du Pérou, est une république divisée en cinq provinces, renfermant 2 millions habitants ; cap. La Plata. — Le pays est riche en mines ; la partie E. est fertile.

131. LA PLATA, au S. du Brésil et du Pérou, est formée de quatorze provinces, peuplées de 1,700,000 catholiques ; villes principales Buenos-Ayres, Parana, Cordova, Mendoza.

132. La république du PARAGUAY, cap. l'Assomption, a 1,500,000 habitants.

133. L'URUGUAY, au S. E. du Paraguay, a 350,000 hab., cap. Montévidéo. — Ces trois États sont très-arrosés et nourrissent de nombreux troupeaux.

134. Le CHILI, au S. O. de la Bolivie, est une république de 1,800,000 hab., cap. Santiago Il forme une côte étroite et assez fertile.

135. La PATAGONIE, au S. de l'Amérique, est habitée par des peuplades sauvages. — Les îles Malouines, de la Terre de Feu et celle des États peuvent y être rattachées.

§ III. 136. Les POSSESSIONS ANGLAISES se composent de la Guyane anglaise, cap. Georgetown, et des îles Malouines, Opparo et Terre des États.

137. Les FRANÇAIS possèdent la Guyane française, cap. Cayenne, et les HOLLANDAIS la Guyane hollandaise, cap. Paramaribo.

§ I. GÉOGRAPHIE PHYSIQUE (1).

116. SITUATION. — LIMITES. — ÉTENDUE. — FORME GÉNÉRALE DU CONTOUR. — L'Amérique du Sud est comprise entre le 13° degré de latitude N. et le 55° degré de latitude S., et entre les 37° et 84° degrés de longitude O. — Elle est bornée au N. par la mer des Antilles et par *l'isthme de Panama*, qui la joint à l'Amérique du Nord. Elle a à l'E. l'Océan Atlantique, à l'O. le Grand Océan, et au S. le détroit de Magellan (*Magalhaëns*), qui la sépare de la Terre de Feu, au S. de laquelle s'étend l'Océan Austral. Ainsi que nous l'avons dit plus haut, l'Amérique du Sud forme une vaste péninsule qui s'allonge au-dessous de l'Amérique du Nord. Elle offre une forme triangulaire et à peu près régulière, chacun de ses côtés ne présentant aucune saillie bien caractérisée, et la côte occidentale présentant un seul enfoncement remarquable.

117. MERS. — GOLFES ET CAPS. — L'Amérique du Sud est entourée par les trois mers que nous avons nommées en indiquant ses limites : on y distingue seulement quelques enfoncements que nous indiquerons, ainsi que les détroits formés près de ses côtes, en faisant la circumnavigation de cette partie de l'Amérique à partir de la côte orientale de l'isthme de Panama.

La *mer des Antilles* forme, sur la côte septentrionale de l'Amérique du Sud, le golfe de *Darien*, entoure la péninsule de *Guajira* terminée par le cap *Gallinas* dans la Nouvelle-Grenade, puis s'enfonce dans le golfe de *Maracaïbo* qui communique avec le lac du même nom dans le *Vénézuéla*, à l'O. duquel elle forme encore le golfe de *Paria*, entre le continent et l'île de la Trinité.

L'*Océan Atlantique* entoure, sur la côte orientale, les caps *Nassau* et *Orange* dans la Guyane, ceux de *San Roque*, *San Tomé*, *Frio*, sur les côtes du Brésil, où il s'enfonce dans la baie de *Todos los Santos* ou de *Tous les Saints*, puis il entoure les caps *San Antonio* et *Corrientes*, à l'E. des provinces de la Plata, et forme enfin les golfes de *Saint-Antoine* et *Saint-Georges* et la *Grande-Baie*, à l'E. de la Patagonie. — Au S. de

---

(1) Consulter, dans mon *Atlas historique et géographique à l'usage des Collèges*, la carte de l'AMÉRIQUE DU SUD et celle de l'AMÉRIQUE CENTRALE.

cette dernière se trouve le *détroit de Magellan*, qui sépare la Terre de Feu de l'Amérique, et plus au S. E. celui de *Lemaire* entre la Terre de Feu et celle des États; au S. O. de celui-ci, l'île de l'*Hermite* est terminée par le célèbre cap *Horn*, le plus méridional de l'Amérique.

Le **Grand Océan** forme, sur la côte occidentale de l'Amérique du Sud : — le golfe de *los Chonos* ou de *Guayatéca*, au S. du Chili, entoure les caps *Aguja* et *Parina*, à l'O. du Pérou, puis forme le golfe de *Guayaquil*, et celui de *San Lorenzo*, à l'O. de la république de l'Équateur, et enfin la baie *del Choco*, au S. O. de la Nouvelle-Grenade, et le golfe de *Panama*, au N. O.

118. ILES PRINCIPALES. — Outre l'archipel glacé de la Terre de Feu, qui termine l'Amérique du Sud, on rattache encore à ce continent les îles *Saint-Paul*, *Fernando Noronha*, *Martin-Vaz*, de la *Trinité*, *Sainte-Catherine*, les *Malouines* ou *Falkland*, la *Terre des États* et les îles glacées de l'*Aurore;* dans l'Océan Atlantique, l'archipel de *los Chonos*, les îles *Chiloé*, de *Juan-Fernandez*, *Saint-Félix* et *Gallapagos*, dans le Grand Océan.

119. DIVISION EN GRANDS VERSANTS. — CHAINES DE MONTAGNES. — On peut diviser l'Amérique du Sud en trois versants : 1° celui de la mer des Antilles, qui est peu étendu; 2° celui de l'Océan Atlantique, qui comprend presque tous les fleuves de l'Amérique du Sud; et 3° celui de l'Océan Pacifique, qui, bien que offrant un développement de côtes très-considérable, ne présente aucun fleuve important à cause de la proximité de la chaîne des *Andes* qui rejette toutes les eaux dans l'Océan Atlantique.

La principale **chaîne de montagnes** est celle que nous venons de nommer, c'est la **Cordillère des Andes**, qui traverse l'Amérique du Sud dans toute sa longueur, à peu de distance de la côte occidentale ; elle renferme les plus hautes montagnes du monde, après celles du Tibet, savoir : le *Chimboraço*, haut de 6,500 mètres; le *Cayembé*, 5,983; l'*Antisana*, 5,833; l'*Illimani*, le *Cotopaxi* et le *Pichincha*, etc., etc. Plusieurs de ces derniers sommets sont des volcans en pleine activité. Sur l'*Antisana* se trouve, à 4,101 mètres au-dessus du niveau de la mer, une métairie qui est un des lieux les plus élevés qui soient habités sur le globe. On rencontre à l'E. et au N. E. deux rameaux détachés des Cordillères, qui séparent les bassins de plusieurs fleuves.

120. LACS. — Les principaux sont ceux : de — *Maracaibo*,

d'environ 180 kilomètres de long, au N. de la Colombie, et communiquant au Nord avec le golfe du même nom ; — de *Los Patos* et *Mirim*, au S. E. du Brésil ; — de *Titicaca*, ayant 350 kilomètres de tour, dans le Pérou. Il faut encore citer le lac marécageux d'*Ybéra*, formé par la rivière Parana.

121. FLEUVES PRINCIPAUX. — L'Amérique du Sud est partagée naturellement, ainsi que nous l'avons dit (nᵒ 119), en trois bassins maritimes, dont l'un, celui du Grand Océan, n'a aucun fleuve remarquable ; le bassin de la mer des Antilles, composé de l'extrémité N. O. de l'Amérique du Sud, n'a qu'un fleuve qui mérite d'être cité, le *Rio Magdalena*.

C'est à l'immense bassin de l'Atlantique qu'appartiennent les plus grands fleuves de l'Amérique du Sud. Les principaux sont : — L'*Orénoque*, qui prend sa source dans le Vénézuéla, et le traverse du S. O. au N. E., pour se jeter dans l'Océan Atlantique, par un grand nombre d'embouchures, après un cours de 2,600 kilomètres. — La rivière des *Amazones* ou *Maragnon*, qui prend sa source dans le Pérou, traverse l'Amérique méridionale dans toute sa largeur, et se jette dans l'Atlantique par deux embouchures, presque sous l'équateur, après un cours de 6,700 kilomètres. Elle reçoit dans son cours un grand nombre de rivières considérables, dont les principales sont : la *Madeira*, qui a plus de 3,600 kilomètres de cours ; le *Topayos* et le *Xingu*, qui ont au moins 2,000 à 2,500 kilomètres, et le *Tocantin*, grossi de l'*Araguay*, qui se réunit à l'embouchure méridionale de l'Amazone, pour former la rivière de *Para*. Toutes ces rivières tombent dans l'Amazone par sa rive droite. Les plus remarquables de celles qui y entrent par la rive gauche sont l'*Yapura* et le *Rio Negro*, qui la fait communiquer avec l'Orénoque par le *Cassiquiare*, l'un des affluents de ce dernier. — Le *San-Francisco*, qui arrose le Brésil au S. O., et qui, quoique bien moins considérable que ceux dont nous venons de parler, égale presque les plus grands de l'Europe, puisque son cours est de 2,430 kilomètres. — La *Plata*, formée par la réunion du *Parana*, grossi du *Paraguay* avec l'*Uruguay*, qui tous trois prennent leur source dans le Brésil. Elle coule vers le S., traverse la république de la Plata, et se jette dans l'Atlantique, au-dessous de Buénos-Ayres, par une large embouchure, après un cours de 4,430 kilomètres.

122. POPULATION. — RACES. — RELIGIONS. — La population de l'Amérique du Sud est d'environ 28 millions d'habitants, appartenant à diverses races. La race *cuivrée* occupe l'Amérique du Sud comme celle du Nord, et y est même proportionnellement plus nombreuse et plus forte, tandis que les colons européens y sont en moins grand nombre. On y trouve aussi beaucoup de nègres africains. — La religion catholique est celle de la plus grande partie de la population de l'Amérique du Sud, à l'exception d'une partie de la Guyane et des contrées de l'intérieur, occupées par des indigènes idolâtres.

123. NOTIONS DIVERSES. — *Climat*. — *Productions*. — Le climat et les productions de l'Amérique du Sud sont à peu près les mêmes que ceux de l'Amérique du Nord, mais reproduits en sens inverse, du Nord au Sud; le voisinage de l'équateur et la présence de hautes montagnes présentent, dans la partie septentrionale, des contrastes fréquents dans la température et dans les produits. — Les animaux domestiques apportés d'Europe, et surtout les chevaux et les bœufs, se sont multipliés à l'infini dans les immenses plaines de l'intérieur. On rencontre encore dans l'Amérique du Sud, comme animaux domestiques, le lama, la vigogne et l'alpaga, qui servent de bêtes de somme. Les animaux féroces sont les mêmes que ceux de l'Amérique du Nord : léopard, couguar, etc.; les alligators peuplent les fleuves et les marais ; les boas, les serpents à sonnettes et le terrible *cobra* s'y rencontrent fréquemment ; enfin, on y trouve le condor, le plus grand des oiseaux, ainsi que le colibri et l'oiseau-mouche, qui sont les plus petits. Le règne végétal y présente toutes les richesses des climats tropicaux : le café, le sucre, le tabac, l'indigo, le quinquina, le palmier et les bois de teinture en sont les plus remarquables produits. — Enfin, de nombreuses mines d'or et d'argent, de pierres précieuses et de métaux se rencontrent dans les montagnes.

§ II. GÉOGRAPHIE POLITIQUE.

124. DIVISION. — L'Amérique du Sud comprend 15 divisions politiques, en supposant réunies en une seule les vastes contrées indépendantes de la *Patagonie*, et en comptant comme autant d'États les possessions de trois nations européennes. Ces divisions sont : la *Nouvelle-Grenade*, le *Vénézuela* et l'*Équateur*, qui formaient autrefois la Colombie, le *Brésil*, le *Pérou*, la *Bolivie*, la *Plata*, l'*Uruguay* et le *Paraguay*, enfin le *Chili* et la *Patagonie*. Les *Français*, les *Anglais* et les *Hollandais* sont les trois nations européennes qui ont des possessions dans l'Amérique du Sud, notamment dans la *Guyane*.

125. La NOUVELLE-GRENADE (*Granada-Nueva*) est bornée au N. par l'Amérique centrale et la mer des Antilles, à l'E. par le Vénézuéla, au S. par l'Etat de l'Equateur, et à l'O. par le Grand Océan. Cette république est peuplée de 2,800,000 individus catholiques.

Les principales villes sont : SANTA-FÉ DE BOGOTA, capitale; *Panama* et *Popayan*.

126. Le VÉNÉZUÉLA est borné par la Nouvelle-Grenade à l'O., par la mer des Antilles au N., par l'Atlantique à l'E. et par le Brésil au S. Cette république est peuplée de 1,565,000 habitants catholiques.

Les principales villes sont : CARACAS, capitale; *Cumana* et *Maracaïbo*.

127. L'EQUATEUR (*Ecuador*) est borné par le Brésil à l'E., par la Nouvelle-Grenade au N., par le Grand Océan à l'O. et par le Pérou au S. Cette république est peuplée de plus de 1 million d'habitants catholiques et d'un certain nombre de tribus indiennes libres.

Les principales villes sont QUITO, capitale, et *Guayaquil*.

Les trois Etats que nous venons de nommer formaient l'ancienne *république de Colombie*, qui, affranchie de l'Espagne en 1812, s'est morcelée en 1830. Cette contrée renferme un grand nombre de volcans dans la chaîne des Andes ; le climat est salubre dans les parties élevées, et malsain sur les côtes. Le sol est riche en productions végétales et en mines très-nombreuses et très-variées.

128. LE BRÉSIL (*Brazil*), borné au N. par l'Atlantique, la Guyane française et le Vénézuéla, à l'E. et au S. E. par l'Atlantique, au S. O. par l'Uruguay, à l'O. par la Bolivie et le Pérou, est un empire peuplé de 11 millions et demi d'habitants catholiques, et divisé en 22 provinces.

Les principales villes sont : RIO-JANEIRO, capitale; *Pernambouc, San-Salvador, Para*, etc.

Le Brésil a 4,000 kilom. de long, et environ 3,350 de large. Le N. est arrosé par l'Amazone; il donne tous les produits végétaux de l'Amérique, sucre, café, etc., et de plus de l'or et des pierres précieuses.

129. LE PÉROU (*Peru*), borné à l'O. par le Grand Océan, au S. par le Chili, à l'E. par le Brésil et au N. par l'Equateur, est une république divisée en sept intendances renfermant 2 millions et demi d'habitants catholiques.

Les villes principales sont : LIMA, avec son port, *Callao*, capitale de la république; *Cuzco* et *Aréquipa*.

Les deux tiers de la population descendent des Indiens, anciens sujets des Incas. Le pays, entre la grande chaîne des Andes et la mer, est stérile; à l'E. s'étendent de vastes plaines fertiles arrosées par les affluents de l'Amazone.

130. LA BOLIVIE ou *Haut-Pérou* est bornée au N. O. par le Pérou, au S. O. par le Grand Océan et le Chili, au S. E. par la Plata, et au N. E. par le Brésil. Cette république est divisée en cinq provinces, renfermant près de 2 millions d'habitants catholiques.

Les principales villes de la Bolivie sont : *la Paz, Potosi* et LA PLATA, capitale de la république.

La partie de la Bolivie à l'O. des Andes est un vaste désert, la partie à l'E. est souvent inondée et fertile ; les montagnes renferment de riches mines.

131. LA PLATA est bornée au N. par le Haut-Pérou, à l'O. par le Chili, au S. par la Patagonie et l'Atlantique. Cette république, souvent déchirée par les guerres civiles, est formée de 14 provinces. Elle compte 1,700,000 habitants catholiques.

Les principales villes sont : BUÉNOS-AYRES, PARANA, *Cordova* et *Mendoza*.

132. LE PARAGUAY, borné par le Brésil au N. et à l'E., et par la Plata à l'O. et au S., est formé de l'ancienne province de ce nom, colonisée par les Espagnols et convertie par les jésuites qui la gouvernèrent autrefois. Elle forme une république, gouvernée par un dictateur. La population est de 1,500,000 habitants catholiques ; l'ASSOMPTION en est la capitale.

133. L'URUGUAY, borné par le Brésil au N., la Plata à l'O., et l'Atlantique au S. et à l'E., est formé de l'ancienne province de *Banda orientale* ; cette république a 350,000 habitants catholiques ; sa capitale est MONTÉVIDÉO.

Les trois États que nous venons de nommer sont connus sous la dénomination de provinces du *Rio de la Plata*, parce qu'ils sont traversés par le fleuve dont on leur donne le nom ; elles sont généralement marécageuses. Au S., de grandes plaines nommées *pampas* sont parcourues par de nombreux troupeaux. Les vallées des Andes donnent les riches productions de l'Amérique.

134. LE CHILI est borné par le grand Océan à l'O., la Bolivie au N., la Plata à l'E. et la Patagonie au S. Il se divise en trois parties : ***Chili, Araucanie*** et ***îles Chiloé,*** et forme une république renfermant 1 million 800,000 habitants catholiques.

Les principales villes sont : Santiago, capitale de la république ; *Valparaiso*, la *Conception*, *Valdivia*, *San-Carlos* et *Coquimbo*.

Cette côte étroite, resserrée par les Andes, est traversée par beaucoup de rivières qui fertilisent les vallées. Les montagnes sont riches en mines d'or et d'argent.

155. La Patagonie occupe la pointe S. de l'Amérique. Les habitants, évalués à 60,000, vivent de pêche et de chasse.

Les îles voisines sont : les *Malouines*, la *Terre de Feu* et la *Terre des Etats*.

§ III. POSSESSIONS EUROPÉENNES.

156. Possessions anglaises. — Les Anglais possèdent, dans l'Amérique du Sud, la **Guyane anglaise**, capitale George-Town (Stabroeck), les îles ***Malouines*** et *Opparo*, et la *Terre des Etats*.

157. Possessions françaises et hollandaises. — Les Français possèdent la **Guyane française**, capitale Cayenne ; ville principale *Sinnamary*.

Les Hollandais possèdent la **Guyane hollandaise**, capitale Paramaribo.

L'intérieur des *Guyanes* est peu connu ; les Indiens *Galibis* l'habitent. La population totale est évaluée à 210,000 habitants. Les productions sont : le café, le sucre, le coton et un peu d'or.

Questionnaire. — § Ier. 116. Quelle est la situation et quelles sont les limites de l'Amérique du Sud ? — Quelle est sa forme générale ? — 117. Combien de mers environnent l'Amérique du Sud ? — Quels sont les golfes, les caps et les detroits formés par la mer des Antilles ?.... par l'Atlantique ?.... par le Grand Océan ? — 118. Quelles sont les îles qui appartiennent à l'Amérique du Sud dans l'Atlantique ?.... dans le Grand Océan ? — 119. Combien l'Amérique du Sud forme-t-elle de versants ? — Quelles sont les principales chaînes de montagnes ? — Quels en sont les sommets les plus remarquables ?.... — 120. Quels sont les principaux lacs ? — 121. Quels sont les fleuves de l'Amérique du Sud qui se jettent dans la mer des Antilles ?.... dans l'Atlantique ? — 122. Quelle est la population de l'Amérique du Sud ? — A quelles races appartient-elle ? — Quelles religions suit-elle ? — 123. Faites connaître le climat et les productions de l'Amérique du Sud. — § II. 124. Comment se divise l'Amérique du Sud au point de vue politique ? — Combien forme-t-elle d'Etats ? — 125, 126, 127. Faites connaître les Etats de la Nouvelle-Grenade, du Vénézuéla et de l'Equateur avec leurs villes principales. — 128. Où est situé le Brésil ? — Quelles sont ses bornes, ses divisions, sa capitale ? — Quels sont ses produits ? — 129. Où est situé le Pérou ? — Quelles sont ses bornes, sa population, sa capitale ?

— 130. Faites connaître la Bolivie, ses bornes, ses habitants, sa capitale.
— 131. Faites connaître la république de la Plata et ses villes principales.
— 132. Quelles sont les bornes, la population, la capitale du Paraguay?
— 133... de l'Uruguay? — Quels sont le climat et les productions du Rio de la Plata? — 134. Où est situé le Chili? — Quels sont ses bornes, sa population, sa capitale, ses produits? — 135. Faites connaître la Patagonie. — § III. 136. Quelles sont les possessions anglaises dans l'Amérique du Sud? — 137. Faites connaître les possessions françaises et hollandaises dans l'Amérique du Sud.

CHAPITRE DIXIÈME

OCÉANIE.

SOMMAIRE.

§ I. 138. L'Océanie est comprise entre le 108e degré de longitude O. et le 91e de longitude E.. et s'étend depuis le 33e de latitude N. jusqu'aux terres glacées du pôle Antarctique. Elle est entourée par le Grand Océan, l'Océan Glacial Antarctique et de la mer des Indes. La plus grande terre est l'Australie.

139. Le Grand Océan forme les mers : des Philippines, de Célèbes, de Java, de la Sonde, des Moluques, de Timor, de Corail; les détroits de Torrès, de Singapoure, de la Sonde, de Macassar, de Bass et de Cook.

140. Les presqu'îles principales sont les quatre de Célèbes, la Terre des Papous dans la Nouvelle-Guinée, et la Terre de Carpentarie en Australie. — Les principaux caps sont ceux du Nord-Ouest, Leuwin, Hawe et York en Australie, de Rodney et d'Urville dans la Nouvelle-Guinée.

141. Les principales montagnes sont les montagnes Bleues et Morrumbidges en Australie, les montagnes Arfak dans la Nouvelle-Guinée, — Mauna-Roa, volcan dans l'île d'Havaï, — l'Érébus, volcan de la Terre Victoria.

142. Les fleuves principaux sont le Murray, le Brisbane, la rivière des Cygnes en Australie, et le Pontianak à Bornéo.

143. L'Océanie a 32 millions d'habitants; elle a été peuplée : 1° par le rameau malais de la race jaune ; 2° par le rameau océanien de la race nègre et les blancs européens qui y ont fondé de nombreuses colonies. Le catholicisme, le protestantisme, le mahométisme et l'idolâtrie y règnent. Le climat, malgré le voisinage de l'équateur, est tempéré par les brises de la mer. Les productions sont celles de l'Asie méridionale, et notamment les épices et les bois précieux.

§ II. 144. L'Océanie se divise en cinq parties: 1° Malaisie; 2° Micronésie ; 3 Polynésie ; 4° Mélanésie ; 5° Antarctie.

145. La Malaisie comprend les archipels de la Sonde (Sumatra, Java, etc.), de Bornéo, de Célèbes, des Moluques, divisées en grandes et

petites, des îles Timoriennes et des Philippines. Les Hollandais possèdent des établissements dans toutes les premières, ils partagent les Timoriennes avec les Portugais; les Philippines sont aux Espagnols.

146. La Mélanésie comprend la Nouvelle-Guinée, l'Australie, en grande partie aux Anglais (cap. Sidney), la Tasmanie aux Anglais; et les archipels de l'Amirauté, Salomon, la Peyrouse et de Calédonie (aux Français) et Viti.

147. La Micronésie comprend les archipels de Bonin-Sima, Marianne, Carolines, Marshal, Gilbert.

148. La Polynésie comprend : 1° les îles Sandwich, royaume indépendant, cap. Honolulu; 2° les archipels de la Nouvelle-Zélande, où sont les îles de Tavaï-Pounamou et Ika-na-Mawi, cap. Aukland, aux Anglais; des Amis, des Navigateurs, de Cook, de Taïti, de la Société, aux Français avec les Marquises et les Gambier.

149. L'Antarctie comprend les terres et îles polaires d'Enderby, Adelie, Victoria, Graham : îles Pierre et Alexandre Ier, Orcades, Shetland et Géorgie méridionales, Kerguelen, etc.

§ III. 150. Les Hollandais ont en Océanie des possessions renfermant 20 millions de sujets; Batavia est la capitale de leurs établissements.

151. Les Anglais ont l'Australie et la Tasmanie, capitale Sidney, la Nouvelle-Zélande, etc.; les Espagnols ont les Philippines, capitale Manille.

152. Les Français ont la Nouvelle-Calédonie, les îles Taïti, capitale Papeïti, et les Portugais Timor, capitale Dillé.

§ I. GÉOGRAPHIE PHYSIQUE.

153. SITUATION.—LIMITES. (1).— L'Océanie, qui tire son nom du Grand Océan, dans lequel elle est située, s'étend entre les 108e degré de longitude O. et 91e de longitude E., jusque vers le 33e degré de latitude N. Quant à son étendue vers le S., on n'en peut fixer les limites, si l'on croit devoir y comprendre, comme cela serait naturel, toutes les terres découvertes dans la région du pôle Antarctique. — Entourée par le Grand Océan au N. et à l'E., par l'Océan Glacial Antarctique au S. et par la mer des Indes à l'O., l'Océanie est séparée de l'Asie au N. O. par le détroit de *Molakka* et la mer de la Chine. La terre la plus vaste de l'Océanie est la Nouvelle-Hollande ou *Australie*; on en fait quelquefois un troisième continent, nom que son étendue, bien que considérable, ne justifie cependant pas.

L'Océanie est composée d'un nombre immense d'îles;

(1) Voir, dans mon *Atlas historique et géographique à l'usage des Collèges*, la carte de l'OCÉANIE.

nous ne les énumérerons pas ici. Nous ferons connaître les plus considérables, et nous citerons les principaux archipels en nous occupant de la géographie politique (v. n° 145 et suiv.).

139. MERS, GOLFES ET DÉTROITS. — Le Grand Océan, en pénétrant entre les terres et les groupes principaux de l'Océanie, y forme un grand nombre de mers particulières, de détroits et de golfes dont nous nommerons seulement les plus remarquables, savoir : la *mer des Philippines*, à l'O. des îles de ce nom; celle de *Célèbes*, celle de *Java* et celle de *la Sonde*, au N. des îles des mêmes noms; la *mer des Moluques* et de *Timor*, entre Célèbes, la Nouvelle-Guinée et l'Australie, sur la côte septentrionale de laquelle elle forme le golfe de *Carpentarie*, la *mer de Corail*, à l'E. de l'Australie et communiquant avec la précédente par le *détroit de Torrès*, qui sépare l'Australie de la Nouvelle-Guinée; elle doit son nom aux innombrables récifs de corail qui en rendent la navigation très-périlleuse.

Ces mers forment de nombreux détroits, parmi lesquels il faut citer, outre ceux déjà nommés : les détroits — de *Singapoure*, entre l'île de ce nom et celle de Bintang ;—de la *Sonde*, entre Sumatra et Java ; — de *Macassar*, entre Bornée et Célèbes ; — de *Bass*, entre l'Australie et la Tasmanie ; — de *Cook*, entre les deux grandes îles de la Nouvelle-Zélande.

140. PRESQU'ILES ET CAPS. — Les principales presqu'îles sont : 1° les quatre dont la réunion forme l'île de Célèbes ; 2° la *terre des Papous*, à l'O. de la Nouvelle-Guinée, et 3° la *terre de la Carpentarie*, au N. de l'Australie.

Les principaux caps sont : en Australie, les caps *Nord-Ouest* ou *Vlamina*, au N. O. de cette terre ; — *Lewin*, au S. O. ; — *Hawe*, au S. E., et *York*, au N. E., à l'entrée du détroit de Torrès ; — et dans la Nouvelle-Guinée, le cap *Rodney*, au S. E., et la pointe d'*Urville*, au N.

141. MONTAGNES ET VOLCANS. — Toutes les grandes terres de l'Océanie et plusieurs des petites renferment, dans leurs hautes chaînes de montagnes, des pics dont quelques-uns sont fort élevés ; nous nous bornerons à nommer les *montagnes Bleues*, les monts *Morrumbidgee* dans l'Australie ; les montagnes des îles de *Sumatra*, de *Java* et de la *Nouvelle-Zélande*, qui renferment plusieurs volcans ; les monts *Arfak*, dans la Nouvelle-Guinée, le *Mauna-Roa*, volcan dans l'île Havaï, enfin l'*Erébus*, volcan de la terre Victoria.

142. FLEUVES. — Les fleuves sont très-nombreux dans les

grandes îles de l'Océanie, mais leur cours a peu d'étendue, si l'on en excepte le *Murray* avec ses affluents, le *Macquarie* et la *Morrumbidgee*, qui débouche sur la côte méridionale de l'Australie. On peut nommer encore, parmi les plus dignes d'attention : le *Brisbane*, sur la côte orientale de cette même Australie; la *rivière des Cygnes*, sur la côte occidentale; — enfin le *Pontianak*, le plus grand fleuve de l'île Bornéo.

143. NOTIONS DIVERSES. — ***Population***. — ***Religion***.—Les populations indigènes de l'Océanie, qui comprennent plus de 32 millions d'hommes, appartiennent à deux races distinctes : 1° la ***race malaise***, l'une des variétés de la jaune, qui, sortie de la péninsule asiatique de Malakka, a occupé la *Malaisie*, à laquelle on a donné son nom, la Micronésie et la Polynésie; — 2° la variété de la ***race noire*** connue sous le nom de *Nègres océaniens*, les plus stupides de l'espèce humaine, qui a peuplé la Mélanésie; — la ***race blanche*** y a formé de nombreuses colonies, où elle a porté la religion chrétienne, *catholique*, dans celles de ces colonies qui appartiennent aux Portugais, aux Espagnols et aux Français; *réformée*, dans celles que possèdent les Anglais et les Hollandais, ainsi que dans le petit royaume de Taïti. Le *mahométisme* domine dans la plus grande partie de la Malaisie, où il a remplacé le *brahmanisme* et le *bouddhisme;* tout le reste de l'Océanie est encore plongé dans les ténèbres les plus épaisses de l'*idolâtrie*.

Le ***climat*** de l'Océanie est généralement doux; le voisinage de l'Océan et de hautes montagnes y tempèrent les chaleurs de la zone torride, dans laquelle elle se trouve comprise en très-grande partie. — Cependant, les îles de la Malaisie sont sujettes à des ouragans furieux et à de violents tremblements de terre. On y retrouve toutes les ***productions*** et tous les animaux de l'Asie méridionale, et notamment toutes sortes d'épices, de bois précieux, le cocotier, l'arbre à pain, etc, ainsi que des animaux remarquables, tels que les beaux oiseaux de paradis, les kangourous, etc.

§ II. GÉOGRAPHIE POLITIQUE.

144. DIVISION. — L'Océanie se divise en cinq parties, savoir : 1° la ***Malaisie***; 2° la ***Micronésie***; 3° la ***Polynésie***; 4° la ***Mélanésie***; 5° l'***Antarctie***. — Cinq nations européennes, qui sont : les ***Hollandais***, les

5.

Anglais, les *Espagnols*, les *Français* et les *Portugais*, y ont des possessions importantes.

145. MALAISIE. — La Malaisie se divise en *Malaisie méridionale*, comprenant les archipels de la *Sonde*, de *Bornéo*, de *Célèbes*, des *Moluques* et des *Timoriennes*, — et *Malaisie septentrionale*, comprenant les *Philippines*.

Iles de la Sonde : 1° *Sumatra*, en grande partie aux Hollandais qui y possèdent PADANG, BENKOELEN et PALEMBANG, et 3 millions et demi de sujets. — ACHEM et JAMBI sont les capitales de deux États indépendants, peuplés de 1 million d'habitants ; — 2° *Java*, peuplée de 14,000,000 d'habitants, aux Hollandais, renferme BATAVIA, la capitale de tous leurs établissements (60,000 habitants) ; villes principales *Chéribon, Samarang, Sœra-Karta, Djôjo-Karta ;* au N. E., sont les deux petites îles de *Madura* et *Bally*.

Bornéo, la plus grande île après l'Australie, a 3 millions d'habitants. Les Hollandais y possèdent BANJAR-MASSING, KOTTA-WARINGIN, PONTI-ANAK, etc., et les Anglais un établissement à SARAWACK, enlevé à un royaume indigène dont la capitale est BORNÉO.

Célèbes est en grande partie aux Hollandais ; capitale MACASSAR. Cette grande île renferme plus de 3 millions d'habitants.

Les *Moluques* sont divisées en petites, savoir : *Ternate, Makian, Morty, Tydor, Batchian*; et en grandes : *Guilolo, Céram, Amboine*, qui a 300,000 habitants, avec une capitale du même nom, et enfin *Banda ;* presque toutes ces îles sont aux Hollandais.

Les îles *Timoriennes* sont : *Timor*, partagée entre les Hollandais et les Portugais, qui occupent DILLÉ ;— *Florès, Sumbawa* et *Bima*.

Les *Philippines* appartiennent aux Espagnols; elles ont 6 millions d'habitants. Les principales sont : *Luçon*, capitale, MANILLE, et *Mindanao*.

145. MÉLANÉSIE. — La Mélanésie est peuplée d'environ 3 millions et demi d'individus, et outre un grand nombre d'archipels, elle comprend trois grandes terres, savoir :

La *Nouvelle-Guinée*, qui forme deux grandes îles habitées par des nègres assez industrieux; les Hollandais y ont un établissement nommé *Dubus*.

L'*Australie* est la plus grande île du globe. Les Anglais y ont fondé d'importants établissements peuplés de plus d'un million et demi d'individus, qui sont : la *Nouvelle-Galles du Sud*, à l'E., où se trouve SYDNEY, capitale de tous les établissements anglais ; le *Queensland*, cap. BRISBANE ; la *Terre Victoria*, chef-lieu MELBOURNE ; l'*Australie méridionale*, chef-lieu ADÉLAÏDE ; l'*Australie occidentale*, chef-lieu PERTH, et l'*Australie septentrionale*, chef-lieu VICTORIA.

La ***Tasmanie***, également aux Anglais ; cap. HOBART-TOWN.

Les principaux ***archipels***, qui se rattachent à la Mélanésie, sont ceux de l'*Amirauté*, de la *Nouvelle-Bretagne*, *Salomon*, la *Louisiade*, la *Pérouse*, *Saint-Esprit*, *Viti*, et *Nouvelle-Calédonie*, aux Français, qui y ont établi une importante colonie pénitentiaire.

147. MICRONÉSIE. — *Archipels*. — La Micronésie, qui tire son nom du grand nombre de petites îles dont elle est composée, comprend les archipels de *Bonin Sima*, des *Mariannes*, des *Carolines*, de *Marshall*, des *Gilbert*, etc. Elle compte environ 200,000 habitants.

148. POLYNÉSIE. — La Polynésie se divise en ***Polynésie septentrionale***, qui ne comprend qu'un archipel, et ***Polynésie méridionale***, qui en comprend un grand nombre. La population monte à environ un million et demi d'habitants.

La ***Polynésie septentrionale*** comprend l'archipel des *Sandwich*, qui forme un État indigène indépendant et assez civilisé. *Hawaï* est la plus importante de ces îles, dont la capitale est HONOLULU.

La ***Polynésie méridionale*** comprend les archipels de la *Nouvelle-Zélande*, composés des deux grandes îles *Tavaï-Pounamou* et *Ika-na-Mawi*, aux Anglais, qui y ont fondé les villes de AUKLAND et WASHINGTON, chefs-lieux de colonies florissantes. — On trouve encore dans la Polynésie méridionale les archipels de *Tonga* ou des Amis, de *Hamoa* ou des Navigateurs, de *Mangia* ou de Cook, de *Pomotou*; enfin les îles de Taïti ou de la *Société*, qui appartiennent aux Français. PAPÉÏTI, leur capitale, est celle des établissements français en Océanie, qui comprennent aussi les îles *Gambier* et les *Marquises*.

149. ANTARCTIE. — *Terres et îles polaires*. — L'Antarctie comprend les terres et îles situées au S. des deux continents, et dont les plus remarquables sont les terres d'*Enderby*, *Sabrina*, *Adélie*, *Victoria*, *Graham*, la *Trinité*, *Palmer*, et les îles *Ballény*, *Pierre* 1er, *Alexandre* 1er,

Shetland, Orcades et *Géorgie* méridionales; *Kerguelen, Amsterdam, Marion* et *Bouvet.*

§ III. POSSESSIONS EUROPÉENNES.

150. COLONIES HOLLANDAISES. — Les *Hollandais* possèdent, en Océanie, 20 millions de sujets, à *Java, Sumatra, Bornéo, Célèbes,* dans les *Moluques,* la *Nouvelle-Guinée* et les îles *Timoriennes.* BATAVIA est la capitale de leurs établissements.

151. COLONIES ANGLAISES. — Les *Anglais* possèdent des colonies dans l'*Australie* (cap. SYDNEY, ville principale MELBOURNE), dans la *Tasmanie,* la *Nouvelle-Zélande* et l'île de *Norfolk.*

152. COLONIES ESPAGNOLES, FRANÇAISES ET PORTUGAISES. — Les *Espagnols* ont les *Philippines* (cap. MANILLE), et un établissement aux *Mariannes.*

Les *Français* ont les archipels de *Taïti,* où est situé PAPÉÏTI, chef-lieu de leurs possessions, de *Nouka-Hiva* ou des *Marquises,* les îles *Wallis* ou *Gambier,* et la *Nouvelle-Calédonie.*

Les *Portugais* possèdent la moitié de *Timor,* cap. DILLÉ, *Solor* et *Sabrao.*

QUESTIONNAIRE.—§ Ier. 138. Où est située l'Océanie ?—139. Par quelles mers est-elle entourée ? — Quelles mers forment le Grand Océan en Océanie ? — Quels détroits peut-on citer parmi ceux qui unissent les différentes mers de l'Océanie ? — 140. Quelles sont les presqu'îles de l'Océanie ? — Quels sont les principaux caps ? — 141. Faites connaître les principales chaînes de montagnes et leur position. — Quels sont les principaux volcans ? — 142. Indiquez les fleuves les plus remarquables. — 143. Quel est le nombre des habitants de l'Océanie ?—A quelles races appartiennent-ils ? — Quelles sont leurs religions ? — Quel est le climat de l'Océanie et quelles sont ses productions ? — § II. 144. Comment se divise l'Océanie ? — 145. Comment se divise la Malaisie ? — Où sont situées les îles de la Sonde ? — Nommez les plus considerables. — Quel peuple européen y domine ? — Quels Etats sont indépendans ? — Quelles sont la position et l'étendue de l'île de Bornéo ? — Quelles sont les possessions européennes ? — Quelles sont la position et les villes principales de l'île de Célèbes ? — Comment se divisent les Moluques ? — Quelles sont les plus remarquables des îles Timoriennes et Philippines ? — 146. De quoi se compose la Mélanésie ? — Quels sont la position, l'étendue des habitants de la Nouvelle-Guinée ? — Quelles sont la position, l'étendue des colonies anglaises en Australie ? — Où est située la Tasmanie ? — Quels sont les principaux archipels qui se rattachent à la Mélanésie? — 147. De quoi se compose la Micronésie ? — 148. De quoi se compose la Polynésie ? — Quel archipel et quel Etat indigène

comprend la Polynésie septentrionale?—Quels sont les principaux archipels de la Polynésie méridionale?—149. De quoi se compose l'Antarctie?
— Nommez les principales îles qui s'y rattachent? — 150, 151, 152.
Résumez les possessions anglaises... hollandaises... françaises... espagnoles... portugaises en Océanie.

CHAPITRE ONZIÈME

—

PREMIÈRE PARTIE

Description sommaire des Mers. — Ports. — Lignes de Navigation.

—

SOMMAIRE.

§ I. **153.** Le Grand Océan, entre l'Amérique à l'E., l'Asie et l'Océanie
à l'O., a des rivages d'une configuration toute différente d'un côté
ou de l'autre. Le littoral, en ligne droite dans l'Amérique, est sinueux et découpé dans l'Asie et l'Océanie.

154. L'Océan Pacifique forme, à l'E., la mer de Behring, les golfes
de Californie, de Panama, de Guayaquil, de Los Chonos; à l'O.,
les mers d'Okhotsk, du Japon, Jaune, Bleue, de la Chine, les golfes
de Tonkin et de Siam, les mers des Philippines, de Célèbes, de
Java, des Moluques, de Corail.

155. Les îles sont : sur la côte d'Amérique, les îles Aléoutiennes, Qua-
dra et Vancouver, du Roi Georges, de la Reine-Charlotte, Révilla-
Gigédo, Juan Fernandez, la Terre de Feu. - En Asie, sont les îles
Kouriles, du Japon près du détroit de Corée, Formose, Haï-Nan.
On trouve enfin en Océanie des terres et des archipels très-
nombreux.

156. Le Grand Océan baigne en Amérique l'Alaska, la Nouvelle-Bretagne, l'Orégon (fleuve : la Coïombia), la Californie (fleuve : Sacramento et port : San-Francisco), le Mexique (ports : Mazatlan,
Acapulco), l'Amérique centrale, la Nouvelle-Grenade (port : Panama), l'Équateur, le Pérou, la Bolivia, le Chili (port : Valparaiso),
la Patagonie ; — en Asie, la Sibérie (port : Okhotsk), le Japon
(ports : Yedo, Oasaka, Nagazaki), la Chine (fleuves : l'Amour, le Hoang-Hô, le Yang-Tseu-Kiang (ports : Canton, Hong Kong, Macao),
l'Indo-Chine (fleuve : le Me-Kong ; ports : Saïgon, Bankok, Singapour). On remarque dans les îles de l'Océanie les ports de Manille, Batavia, Macassar, Amboine, Timor, Sydney, Melbourne,
Papéïti.

§ II. **157.** La mer des Indes est séparée du Grand Océan par les détroits et les îles de l'Océanie occidentale, et s'étend au sud de l'Asie jusqu'à l'extrémité de l'Afrique. Son littoral, sans sinuosités sur la côte d'Afrique, a des golfes très-profonds sur la côte d'Asie.

158. La mer des Indes forme le canal de Mozambique, le golfe d'Aden et la mer Rouge, la mer d'Oman et les golfes Persique, de Cambaye, de Bengale et de Martaban.

159. Elle renferme : l'île de Madagascar, les Comores, la Réunion, Maurice, etc.; les îles Seychelles, l'île Socotora, non loin du détroit de Bab-el-Mandeb; l'île d'Ormouz, dans le détroit d'Ormouz, les Lakedives, les Maldives, Ceylan, les îles de Sumatra et de Java, entre le détroit de Malakka et les îles de la Sonde.

160. L'Océan Indien baigne le Cap, le Mozambique, le Zanguebar, Ajan, l'Abyssinie, la Nubie, l'Égypte, l'Arabie, le Béloutchistan, l'Hindoustan, l'Indo-Chine, Sumatra, Java, l'Australie, etc. Il reçoit le Zambèze, le Chat-el-Arab, l'Indus, le Gange, le Brahmapoutre, le Salouen. Les ports sont ceux de Port-Natal, Zanzibar, Mozambique, Port-Louis, Aden, Moka, Maskate, Cambaye, Bombay, Calicut, Pondichéry, Mazulipatam, C chin, Trinkemalé, Calcutta, Amehrs-Town, Merghi, etc.

§ III. 161. L'Océan Atlantique, entre l'Europe, l'Afrique et l'Amérique, offre un littoral profondément découpé au-dessus de l'équateur et très-peu sinueux au-dessous. Il est traversé par le Gulf Stream, vaste courant qui, avec les eaux tièdes du golfe du Mexique, apporte une douce température sur les côtes du N. O. de l'Europe.

162. Il forme en Europe la mer Baltique, la mer du Nord, la Manche, les mers d'Écosse et d'Irlande, la Méditerranée; en Afrique, le golfe de Guinée; en Amérique, la mer des Antilles, le golfe du Saint-Laurent, la baie d'Hudson, la mer des Eskimaux et la mer de Baffin.

163. Les îles principales sont : les îles Britanniques, séparées par le canal Saint-Georges, les Fœroé, les Shetland, les Hébrides, les Normandes, etc., en Europe; — les Açores, Madère, les Canaries, les îles du Cap Vert, Sainte-Hélène, en Afrique; — le Groënland séparé par le détroit de Davis, les Bermudes, Terre-Neuve, les Lucayes, les Antilles; les Malouines, la Terre de Feu, etc., en Amérique.

164. L'Atlantique baigne la Norwége, le Danemark, les îles Britanniques (fleuv. Solway, Severn, Shannon); la France (fleuv. Seine, Loire, Gironde); l'Espagne et le Portugal (fleuv. Douro, Tage, Guadiana, Guadalquivir); — Maroc; Sahara; Sénégambie (fleuv. Sénégal et Gambie); Guinée (fleuv. Niger); Congo; pays des Cafres et des Hottentots; Cap (fl. Congo et Orange); — Amérique Anglaise (fleuv. Saint-Laurent); États-Unis (fleuv. Mississipi); Mexique; États de l'Amérique centrale; Nouvelle-Grenade; Vénézuéla (fleuv. Orénoque); les Guyanes; le Brésil (fleuv. Amazone); l'Uruguay; la Plata (fleuv. Rio de la Plata); la Patagonie.

165. Les ports sont : Liverpool, Bristol, Southampton, Plymouth, Portsmouth, Douvres, Dublin, Limerick (Angleterre); — Le Havre, Cherbourg, Brest, Nantes, Rochefort, Bordeaux, Bayonne (France); — Saint-Sébastien, le Ferrol, la Corogne, Oporto, Lisbonne, Ca-

dix (Espagne et Portugal) ; — Tanger, Mogador, Saint-Louis, le
Cap (Afrique) ; — Boston, New-York, Baltimore, la Nouvelle-
Orléans ; — la Vera-Cruz (Amérique du Nord) ; — la Havane,
Kingstown, Port-au-Prince (Antilles) ; — Chagres, Carthagène ; —
la Guayra ; — George-Town ; Pernambouc Bahia, Rio-Janeiro ;
— Montévidéo ; — Buénos-Ayres (Amérique du Sud).

§ IV. 166. La Méditerranée, entre l'Europe, l'Asie et l'Afrique, a un
littoral très découpé au nord, où il forme beaucoup de golfes et de
mers secondaires ; elle est resserrée au milieu.

167. Elle forme la mer de Sicile, la mer Adriatique, la mer Ionienne,
la mer de Candie, de l'Archipel, de Marmara, la mer Noire et la
mer d'Azov. Les îles principales sont les Baléares, la Corse et la
Sardaigne, séparées par le détroit de Bonifacio ; la Sicile, séparée
par le phare de Messine ; Malte, les îles Ioniennes, Candie, les Cyclades, les Sporades, Rhodes, Chypre.

168. Ces diverses mers baignent l'Espagne (fleuv. l'Èbre) ; la France
(fleuv. le Rhône) ; l'Italie (fleuv. l'Arno, le Tibre, le Pô, l'Adige) ;
l'Autriche ; la Turquie (fleuv. la Maritza, le Danube ; la Russie
(fleuv. le Dniester, le Dniéper, le Don) ; la Turquie d'Asie (fleuv.
le Kizil-Ermak) ; l'Egypte (fleuv. le Nil) ; Tripoli ; Tunis ; l'Algérie
(fleuv. le Chélif) ; le Maroc. — Les ports sont : Gibraltar, Malaga,
Alicante, Barcelone ; — Marseille, Toulon ; — Gênes, Livourne,
Civita-Vecchia, Naples, Messine, Palerme, Catane, Ancône, Venise ; — Trieste, Raguse ; — Corfou, Patras, Athènes ; — Salonique, Constantinople, Varna ; — Odessa, Sébastopol ; — Trébizonde, Sinope, Smyrne, Rhodes, Acre, Jaffa ; — Damiette,
Alexandrie ; — Tripoli, Tunis ; — Bone, Alger, Oran ; — Ceuta.

§ V. 169. La mer du Nord, entre la Grande-Bretagne, la Norvège,
le Danemark, les Pays-Bas, a des côtes généralement découpées,
basses et plates vers le midi ; forme le Zuyder-Zée, les détroits du
Pas-de-Calais, de Skager-Rack et du Kattégat ; présente les îles
d'Helgoland, de Walcheren et de la Zélande.

170. Elle baigne la Grande-Bretagne (fleuves : Forth, Tweed, Humber, Tamise ; ports : Leith, Yarmouth, Londres) ; la Norvège (fleuve :
le Glommen ; ports : Bergen, Christiania ; la Suède (port : Gœteborg) ; le Danemark ; l'Allemagne (fleuves : l'Elbe, le Wéser,
l'Ems ; ports : Altona, Hambourg, Brême) ; les Pays-Bas (fleuves :
Rhin, Meuse, Escaut ; ports : Amsterdam, Rotterdam, Flessingue) ;
la Belgique (ports : Anvers, Ostende) ; la France (ports : Dunkerque, Calais).

§ VI. 171. La mer Baltique, entre la Suède, la Russie et la Prusse, a
des côtes découpées et hérissées à l'est et à l'ouest, basses et plates
au sud ; forme les golfes de Botnie, Finlande, Livonie, Dantzig ;
présente les détroits des Petit et Grand Belt et du Sund, le long
des îles Séeland, Langeland, Laaland, etc., puis les îles Rugen,
Œland, Gottland, Œsel, d'Abo, d'Aland, etc.

172. Elle baigne le Danemark (port : Copenhague) ; la Suède (fleu-
ves : la Luéa, la Tornéa (ports : Kalmar, Stockholm, Gœfle) ; la
Russie (fleuves : la Néva, la Dwina ; ports : Saint-Pétersbourg,
Kronstadt, Sweaborg, Revel, Riga) ; la Prusse (fleuves : Niémen,

Vistule, Oder ; ports : Danzig, Stettin, Stralsund, Kiel) ; port de Lubeck, en Allemagne.

§ I. GRAND OCÉAN.

155. SITUATION. — FORME GÉNÉRALE DU LITTORAL. — Les mers qui couvrent la plus grande partie du globe, bien loin d'isoler les uns des autres les divers continents, les rapprochent, au contraire, en ouvrant au commerce les voies de communication les plus faciles et les plus générales. L'objet de ce chapitre et des suivants est précisément d'envisager sous ce rapport les mers qui ont été déjà énumérées, en même temps que les pays qui les avoisinent.

La plus vaste étendue d'eau que l'on observe sur le globe terrestre, et qui couvre l'espace immense compris entre les côtes occidentales de l'Amérique et les rivages orientaux de l'Asie et de l'Océanie, pour atteindre au nord et au midi les régions glacées du pôle, a reçu le nom de *Grand Océan* ou *Océan Pacifique*.

Le littoral du Grand Océan présente un aspect fort différent, suivant qu'on le considère sur l'un ou l'autre hémisphère. Les rivages américains s'étendent presque en droite ligne des régions boréales aux régions australes, présentant à peine quelques golfes au milieu des remparts de rochers qui les bordent le plus souvent. Les rivages asiatiques et océaniens, extrêmement sinueux, au contraire, se creusent en baies et en golfes, se découpent en promontoires, s'avancent en péninsules, et sont semés d'une multitude d'îles de dimensions diverses qui de loin annoncent le continent.

154. MERS SECONDAIRES. — De cette différence de configuration il résulte que les mers secondaires et les golfes, fort rares sur le littoral américain de l'Océan Pacifique, sont, au contraire, très-multipliés sur les rivages de l'Asie et de l'Océanie. Le long de la côte d'Amérique, nous nous bornerons à signaler, au nord, la *mer de Behring*, entre l'Amérique et l'Asie, au-dessus de la chaîne des îles Aléoutiennes ; puis le *golfe de Californie* ou *mer Vermeille*, entre le continent et la longue péninsule californienne ; au midi, le *golfe de Panama*, en face de l'isthme ; celui de *Guayaquil*, entre la Colombie et le Pérou ; celui de *Los Chonos* ou *Guayateca*, au sud du Chili.

Sur la côte d'Asie nous rencontrons, après la mer de Behring, la *mer d'Okhotsk*, entre le Kamtschatka et la Sibérie ;

la *manche de Tarrakaï*, la *mer du Japon*, qui sépare ce pays
de l'empire Chinois ; le détroit de *Corée*, la *mer Jaune*, la
mer Bleue ou *mer Orientale*, le *canal de Formose*, le *golfe
de Tonkin* et la *mer de la Chine* ou *mer Méridionale*, le long
des côtes du vaste empire Chinois et de l'Indo-Chine ; enfin,
le *golfe de Siam*, au S. de l'Indo-Chine. Au milieu de l'immense archipel océanien, le Grand Océan forme les *mers des
Philippines*, de *Célèbes*, de *Java*, des *Moluques*, la *mer de
Corail*, etc.

155. ILES ET DÉTROITS PRINCIPAUX ; LEUR SITUATION.
— Le même contraste se présente, par rapport aux îles et aux
détroits, entre les deux grandes régions orientale et occidentale de l'Océan Pacifique. Du côté du littoral américain, à part
les îles *Aléoutiennes*, qui appartiennent à l'Asie autant qu'à
l'Amérique, et les îles *Quadra* et *Vancouver*, du *Roi Georges*,
du *Prince de Galles*, de la *Reine Charlotte*, groupées le long
de la Nouvelle-Bretagne, nous ne signalerons que les îles peu
importantes de *Révilla-Gigédo*, de *Juan-Fernandez*, de *Los
Chonos*, etc..., et au midi la *Terre de Feu*, séparée du continent par le *détroit de Magellan*.

À l'occident, au contraire, l'océan Pacifique est parsemé
d'une quantité prodigieuse d'îles, dont beaucoup d'une dimen-
sion considérable, appartenant ou à l'Asie, ou à l'Océanie, et
séparées, soit entre elles, soit du continent, par un grand
nombre de détroits. Ce sont, du nord au sud, les *îles Kouriles*, les grandes *îles du Japon*, que le *détroit de Corée*
sépare de la presqu'île de Corée, et le *détroit de Diémen*
des *îles Liou-Tchou*, l'île *Formose*, l'île *Haï-Nan*, à l'entrée
du golfe de *Tonkin*, les terres et les innombrables archipels de l'Océanie que nous avons fait connaître ci-dessus
(nos 138 et suiv.)

**156. PAYS BAIGNÉS PAR CES MERS ; EMBOUCHURES DES
FLEUVES LES PLUS REMARQUABLES ; GRANDS PORTS.** —
Les pays baignés par l'océan Pacifique, ou par les mers secondaires qu'il forme, sont : en Amérique, — le territoire d'A-
laska, aux Etats-Unis, — la Nouvelle-Bretagne, — l'Orégon,
province des Etats-Unis, où débouche le fleuve *Columbia ;* —
la Californie, qui possède le fleuve *Sacramento*, à l'embouchure
duquel est le port de *San-Francisco*, dont l'importance s'ac-
croît chaque jour, et le *Rio Colorado*, qui se jette dans le
golfe de *Californie ;* — le Mexique, où sont les ports de *Mazatlan* et d'*Acapulco ;* — les Etats d'Amérique centrale ; — la
Nouvelle-Grenade, où se trouve le port de *Panama ;* —

l'Equateur, où est le port de *Guayaquil*; — le Pérou, dont la capitale Lima a pour port *Callao*; — la Bolivie; —le Chili, où se trouve le port de *Valparaiso*, l'un des plus commerçants de l'Amérique; — la Patagonie.

En Asie, le Grand Océan baigne la Sibérie, dont le principal port est *Okhotsk*; — le Japon, où l'on remarque les ports d'*Yedo*, *Ousaka* et celui de *Nangasaki*, — l'empire chinois, sur les rivages duquel débouchent des fleuves immenses, l'*Amour*, le *Hoang-Hô*, le *Hiang-Tseu-Kiang*, et qui offre les ports de *Ning-Pô*, *Fou-Tchéou*, *Canton*, *Hong-Kong*, *Macao*, etc.; — l'Indo-Chine, d'où coule le *Mé-Kong*, et dont les ports les plus célèbres sont ceux de *Saïgon*, *Bangkok* et de *Singapour*.

Dans les îles de l'Océanie qu'entoure le Grand Océan et qui ne peuvent lui envoyer que de faibles cours d'eau, plusieurs ports ont acquis une grande renommée, tels que celui de *Manille*, dans l'île de Luçon; celui de *Batavia*, dans l'île de Java; celui de *Macassar*, dans l'île Célèbes; celui d'*Amboine*, dans les Moluques; de *Timor*, dans les îles de la Sonde. Les ports de *Sydney*, de *Melbourne*, *Adélaïde*, ont acquis dans l'Australie une importance considérable. Signalons encore celui de *Papéïti* dans l'île de Taïti, destiné à de grands développements.

§ II. MER DES INDES.

157. SITUATION; FORME GÉNÉRALE DU LITTORAL. — La mer des Indes ou océan Indien, qui vient mêler ses eaux à celles du Grand Océan Pacifique au milieu des innombrables détroits de l'Océanie, est située au sud du continent asiatique entre les côtes orientales de l'Afrique et les îles occidentales de l'Océanie. Comme le littoral de l'Océan Pacifique, celui de l'Océan Indien offre de singuliers contrastes : sans cesse entre-coupé du côté de l'Océanie, profondément pénétré par des golfes immenses sur le rivage de l'Asie, il n'offre presque plus de sinuosités le long de l'Afrique; les îles abondent à l'orient de la mer des Indes; elles sont rares à l'occident. Aussi le commerce a-t-il acquis d'un côté un développement prodigieux, tandis que, de l'autre, il restreint son activité sur un petit nombre de points.

158. MERS SECONDAIRES. — Sur la côte d'Afrique, l'Océan Indien forme : le bras de mer appelé *canal de Mozambique*, entre le continent et la grande île de Madagascar; le *golfe* *d'Aden*, puis la *mer Rouge*, entre la côte africaine et l'Arabie ; la mer ou *golfe d'Oman*, entre l'Arabie et l'Hindoustan ; puis le *golfe Persique*, entre l'Arabie, le Béloutchistan et la Perse ; le *golfe de Cambaye*, sur la côte O. de l'Hindoustan ; le *golfe de Manaar* et le détroit de *Pa k*, entre la pointe de l'Hindoustan et Ceylan ; le grand *golfe du Bengale*, entre l'Hindoustan et l'Indo-Chine ; enfin le *golfe de Martaban*, au S. O. de l'Indo-Chine.

159. ÎLES ET DÉTROITS PRINCIPAUX ; LEUR SITUATION. — La plus grande des îles situées dans la mer des Indes est l'île de *Madagascar*, située près de la côte orientale de l'Afrique : autour de Madagascar se trouvent, à l'O., les *îles Comore* (Mayotte, Nossi-Béh) ; à l'E., les îles *de la Réunion, Maurice, Rodriguez* ; au N., les *îles Seychelles*. L'île *de Socotora* est à l'entrée du golfe d'Aden, que termine le détroit de *Bab el-Mandeb ;* l'île d'*Ormouz* est située dans le *détroit d'Ormouz*, qui sépare le golfe d'Oman du golfe Persique ; au S. O. de l'Hindoustan sont les archipels des *Lakedives* et des *Maldives ;* au S. E., la riche et belle île de *Ceylan*. Au milieu du golfe du Bengale se trouvent les îles *Nicobar* et *Andaman ;* enfin la mer des Indes se termine à l'E. au milieu des détroits formés par les grandes îles de l'Océanie, le *détroit de Malakka*, entre la presqu'île de Malakka et l'*île de Sumatra*, le *détroit de la Sonde*, entre Sumatra et *Java*, etc.

160. PAYS BAIGNÉS PAR CES MERS. — EMBOUCHURES DES FLEUVES LES PLUS REMARQUABLES.—GRANDS PORTS. — Les pays baignés par l'océan Indien et par les mers qui en dépendent sont : à l'O., en face de l'île de Madagascar et au-dessus de la colonie du Cap, qui forme la limite occidentale de la mer des Indes, le Mozambique, la côte de Zanguebar, la côte d'Ajan, l'Abyssinie, la Nubie, l'Egypte, en Afrique ; — l'Arabie, la Perse ; le Béloutchistan, l'Hindoustan, l'Indo-Chine, en Asie ; — puis l'île de Sumatra, l'île de Java et les îles de la Sonde ; enfin les rivages occidentaux de l'Australie et la Tasmanie, dans l'Océanie, où se termine à l'E. l'Océan Indien. — Parmi ces contrées diverses, celles de l'Asie seules déversent dans la mer des Indes des cours d'eau considérables, si l'on en excepte le *Zambèze*, sur la côte de Mozambique ; ce sont : le *Tigre* et l'*Euphrate* (*Chat-el-Arab*), au fond du golfe Persique ; le *Sind* ou *Indus*, au fond du golfe d'Oman ; le *Gange* et le *Brahmapoutre*, au fond du golfe du Bengale ; l'*Iraouaddy* et le *Salouen*, à l'E. de ce même golfe. — L'Afrique présente les ports de *Port-Natal, Zanzibar, Mozam-*

bique, sur le continent; de *Port-Louis*, dans l'île Maurice.
— L'Asie offre les ports d'*Aden*, de *Moka*, de *Maskate* et de
Djeddah, qui sert de port à la Mekke (dans l'Arabie); de *Cambaye*, de *Bombay*, de *Cochin*, de *Calicut*, de *Trinkemalé*,
de *Pondichéry*, de *Mazulipatam*, de *Calcutta*, dans l'Hindoustan ; d'*Amehrst-Town*, de *Merghi*, dans l'Indo-Chine.

§ III. OCÉAN ATLANTIQUE.

161. Situation, forme générale du littoral.
Gulf-Stream. — L'Océan Atlantique, le plus vaste après
l'Océan Pacifique, s'étend entre l'Europe et l'Afrique à l'E.,
l'Amérique à l'O., depuis l'Océan Boréal au N. jusqu'à l'Océan
Austral au S., à la hauteur des cercles polaires boréal et
austral.

Plus rapprochés vers la ligne équinoxiale, s'éloignant ensuite
au S. et au N., les rivages, tant occidentaux qu'orientaux,
présentent un aspect tout à fait différent au-dessus ou au-
dessous de l'équateur. Dans l'hémisphère septentrional, le
littoral, profondément découpé, surtout en Europe, offre des
golfes ou mers intérieures d'une étendue considérable, où se
remarquent une multitude de ports, et des îles importantes en
signalent les abords. Dans l'hémisphère méridional, les côtes
de l'Afrique, comme celles de l'Amérique, n'offrent plus de
sinuosités remarquables; mais les secondes, à la différence des
premières, sont ouvertes par les larges embouchures de plusieurs grands fleuves où se fait une active navigation.

Les voyages transatlantiques sont devenus très-fréquents et
plus rapides depuis qu'une étude sérieuse des grands courants, qui règnent dans l'Atlantique comme dans les autres
mers, a fait connaître la régularité avec laquelle le *Gulf Stream*
(courant du golfe) porte les bâtiments des côtes de l'Amérique
vers celles d'Europe. Ce courant forme une sorte de fleuve
dans le sein de l'Océan; il sort du golfe du Mexique, longe la
Floride, traverse l'Atlantique en diagonale et vient s'épanouir
en branches nombreuses sur les côtes de l'Angleterre et de
la France et même de la Norwége. On attribue à cet afflux per-
pétuel d'une masse immense d'eau, conservant une température
plus élevée que celle du reste de l'Océan, la douceur du climat
du N. O. de l'Europe.

162. Mers secondaires. — Les mers formées par l'O-
céan Atlantique sont, en Europe : la *mer Baltique*, entre la
Suède et la Russie (voir ci-après, n° 171); la *mer du Nord*,

entre le Danemark, l'Allemagne et l'Angleterre (n° 169), réunie
à la *Manche*, entre l'Angleterre et la France, par le *Pas-de-
Calais*; le *golfe de Gascogne*, sur les rivages de France et
d'Espagne ; la *mer d'Ecosse* et la *mer d'Irlande*, dont le nom
rappelle la situation ; puis enfin la *Méditerranée*, entre les côtes
d'Europe, d'Asie et d'Afrique, avec laquelle l'Océan ne communique que par le détroit de Gibraltar

L'Atlantique, reprenant son nom au delà du *détroit de Gibraltar*, ne forme plus à l'orient, sur les côtes d'Afrique, que
le *golfe de Guinée*, et ne reçoit également aucune modification
ni aucun nom particulier sur la côte de l'Amérique du Sud.

En remontant dans l'hémisphère septentrional, le long des
rivages de l'Amérique, l'Océan Atlantique retrouve les modifi-
cations variées que nous avons remarquées en Europe. Pénétrant profondément entre les deux Amériques, il forme la *mer
des Antilles* et le *golfe du Mexique*; plus au nord, le *golfe Saint-
Laurent*, à l'embouchure du fleuve de ce nom, et, s'enfonçant
de nouveau dans les terres par la *mer des Eskimaux*, il pénètre, par le *détroit d'Hudson*, dans la vaste *baie d'Hudson*, et
par le *détroit de Davis* dans la *mer de Baffin*.

163. ÎLES ET DÉTROITS PRINCIPAUX ; LEUR SITUATION.
— Les principales îles qui se trouvent dans l'Océan Atlantique
sont : le long des côtes d'Europe, les deux importantes îles de
Grande-Bretagne et d'*Irlande*, séparées l'une de l'autre par le
canal Saint-Georges et la mer d'Irlande, et du continent par
le *Pas-de-Calais*. Nous avons énuméré les îles secondaires,
parmi lesquelles on remarque les *Fœroë*, les *Shetland*, les *Orcades* ou *Orkney* et les *Hébrides*, au nord de la Grande-Bretagne ;
les îles *Normandes*, dans la Manche : puis les *Açores*, à l'ouest de
l'Espagne, à une plus grande distance de l'Europe que de l'A-
frique ; enfin les îles *Madères*, *Canaries*, du cap *Vert*, sur les
côtes de l'Afrique septentrionale ; l'île *Sainte-Hélène*, appartenant à l'Afrique méridionale, etc.

Sur les côtes de l'Amérique, les îles principales sont : au
nord, la vaste île *Groënland*, que le *détroit de Davis* sépare du
continent ; les îles de *Terre-Neuve*, séparées du continent
par le *détroit de Belle-Isle* ; les *Bermudes*, les *Lucayes*, séparées
de la Floride par le *canal de Bahama* ; les grandes et les petites
Antilles (Haïti, Cuba, la Jamaïque, la Guadeloupe, la Martinique, etc.) ; le long de l'Amérique méridionale sont l'île de la
Trinité, les *Malouines* et l'archipel de la *Terre de Feu*, séparé
de l'extrémité méridionale de l'Amérique par les détroits de
Magellan et de *Lemaire*.

164. Pays baignés par ces mers ; Embouchures des fleuves les plus remarquables. — Les pays baignés par l'Atlantique, sans y comprendre la Baltique, la mer du Nord et la Méditerranée, dont on s'occupera ci-après, sont :

En Europe : la Norwége, le Danemark, les îles Britanniques, qui lui envoient les eaux du *Solway*, de la *Severn* et du *Shannon* ; la France, sur les côtes de laquelle débouchent la *Seine*, la *Loire*, la *Gironde* ; l'Espagne et le Portugal, où coulent le *Minho*, le *Douro*, le *Tage*, la *Guadiana*, le *Guadalquivir*.

En Afrique : le Maroc, le désert de Sahara, la Sénégambie, où débouchent les fleuves du *Sénégal* et de la *Gambie* ; la Guinée, où le *Niger* a son embouchure ; le Congo, où coule le fleuve *Zaïre* ou Congo ; le pays des Cafres et le pays des Hottentots, où coule le fleuve *Orange* ; la colonie du Cap.

Dans l'Amérique du Nord : le Groënland, l'Amérique anglaise, qui envoie à l'Océan le grand fleuve *Saint-Laurent* ; les États Unis, où débouche l'immense fleuve du *Mississipi* ; le Mexique, les États de l'Amérique centrale, Guatémala, Honduras, Nicaragua, Costa-Rica ; — dans l'Amérique méridionale, la Nouvelle-Grenade ; Vénézuéla, où l'*Orénoque* ouvre la plupart de ses cinquante embouchures ; les Guyanes, séparées du Brésil par les bouches de l'*Amazone*, le plus grand de tous les fleuves ; l'Uruguay ; les États de la Plata, sur les rivages desquels le *Rio de la Plata* se jette dans l'Océan par une embouchure de 224 kilomètres ; la Patagonie.

165. Grands ports. — Les ports les plus célèbres de l'Atlantique, en exceptant toujours ceux des trois mers dont on parlera ci-après, sont : 1° sur les côtes d'Europe, dans la Grande-Bretagne, *Bristol, Liverpool, Southampton, Plymouth, Portsmouth, Douvres, Brighton* : — en Irlande : *Dublin, Limerick, Cork* ; — en France : *Boulogne, Dieppe, le Havre, Cherbourg, Saint-Malo, Morlaix, Brest, Lorient, Nantes, la Rochelle, Rochefort, Bordeaux, Bayonne* ; — en Espagne : *Saint-Sébastien, le Ferrol, la Corogne* ; — en Portugal : *Oporto, Lisbonne* ; puis *Cadix* en Espagne, au sud du Portugal.

2° Sur le côtes d'Afrique : *Tanger* et *Mogador* dans le Maroc ; *Saint-Louis, Gorée* et *Dakar*, au Sénégal ; *Saint-Paul de Loanda* dans le Congo ; le *Cap* dans la colonie du Cap.

3° Sur les côtes de l'Amérique du Nord : *Halifax*, dans la Nouvelle-Bretagne : *Portland, Boston, New-York, Baltimore, Charlestown, la Nouvelle-Orléans, Galveston*, dans les États-Unis ; — la *Vera-Cruz, Tampico* et *Campêche*, dans le Mexique ; — la *Havane*, dans l'île de Cuba ; — *Kingstown*, dans

la Jamaïque; *Port-au-Prince, Santo-Domingo*, à Haïti, etc.;
— *Chagres, Porto-Bello, Carthagène, Sainte-Marthe*, dans
la Nouvelle-Grenade; — *Maracaïbo*, la *Guayra, Cumana*,
dans le Vénézuéla; — *George-Town*, dans la Guyane anglaise;
Cayenne, Sinnamary, dans la Guyane française; — *Pernambouc, San-Salvador* ou *Bahia; Rio-Janeiro*, dans le
Brésil; — *Montévidéo*, dans l'Uruguay; — *Buénos-Ayres*, dans
la Plata.

§ IV. — MER MÉDITERRANÉE ET MER NOIRE.

166. SITUATION; FORME GÉNÉRALE DU LITTORAL. —
La Méditerranée est la plus importante de toutes les mers intérieures par sa situation au milieu des trois parties de l'ancien continent, entre lesquelles elle établit les communications
les plus fréquentes et les plus rapides. Cette mer, en y comprenant les mers secondaires qu'elle forme jusqu'aux extrémités
de la mer Noire, est située entre l'Europe méridionale, du détroit de Gibraltar au Caucase; l'Asie occidentale, du Caucase à
l'isthme de Suez; l'Afrique septentrionale, de l'isthme de Suez
au détroit de Gibraltar. Le littoral méditerranéen est extrêmement découpé dans toute sa partie septentrionale ou européenne;
il devient beaucoup plus régulier sur les côtes d'Asie, et surtout
sur celles d'Afrique, où il présente une ligne ondulée coupée par
un angle qui s'avance à peu de distance de la Sicile (140 k.)
et resserre la Méditerranée au point de la diviser presque en
deux bassins d'inégale grandeur. La mer Noire, ainsi nommée
des brouillards qui y règnent fréquemment ou des forêts qui
couronnent ses rivages élevés, présente un littoral généralement
élevé et des eaux très profondes et sans îles, qui lui donnent un aspect différent de celui des autres mers méditer-
ranéennes.
**167. MERS SECONDAIRES; ILES ET DÉTROITS PRINCI-
PAUX; LEUR SITUATION.** — La Méditerranée forme, sur les
côtes d'Europe, le *golfe du Lion*, au sud de la France; le *golfe
de Gênes*, entre l'Italie et la Corse; la *mer de Sicile*, le long des
côtes occidentales de l'Italie; le *golfe de Tarente*, au sud de la
péninsule italienne; la *mer Adriatique* ou golfe de Venise,
entre l'Autriche et la Turquie, communiquant par le *canal
d'Otrante* avec la *mer Ionienne* le long des côtes occidentales
de la Grèce; la *mer de Candie*, au-dessus de l'île de ce nom; la

mer de l'Archipel, entre la Grèce, la Turquie et la Turquie d'Asie, communiquant par le *détroit des Dardanelles* avec la *mer de Marmara*, entre la Turquie d'Europe et la Turquie d'Asie, qui débouche par le *canal de Constantinople* dans la *mer Noire*. Celle-ci, comprise entre la Turquie à l'ouest, la Russie au nord et à l'est, la Turquie d'Asie au midi, forme au nord la mer d'*Azor* ou d'*Azof*, qui s'y réunit par le *détroit de Kaffa* ou d'*Iénikalé*. — Sur les côtes d'Asie, la Méditerranée forme les *golfes de Satalia* et d'*Alexandrette;* sur les côtes d'Afrique, les *golfes de la Sidre*, de *Cabès* et de *Tunis*.

Les îles principales de la Méditerranée sont, de l'ouest à l'est : les *Baléares* (Iviça, Majorque, Minorque), séparées de l'Espagne par le *canal des Baléares;* la *Corse* et la *Sardaigne*, séparées l'une de l'autre par les *bouches de Bonifacio;* l'*île d'Elbe*, sur les côtes d'Italie; la *Sicile*, séparée de l'Italie par le *phare de Messine;* l'île de *Malte;* les îles *Ioniennes* (Corfou, Sainte-Maure, Céphalonie, etc.), sur les côtes de Grèce; l'île de *Candie*, les *Cyclades* et les *Sporades*, dans l'Archipel; l'île de *Rhodes* et l'île de *Chypre*, au sud de la Turquie d'Asie.

168. PAYS BAIGNÉS PAR CES MERS ; EMBOUCHURES DES FLEUVES LES PLUS REMARQUABLES ; GRANDS PORTS. — Les pays baignés par la Méditerranée et la mer Noire sont, en Europe : l'Espagne, la France, l'Italie, les provinces méridionales de l'Autriche, la Turquie, la Grèce, la Russie; en Asie : la Turquie d'Asie (Anatolie et Syrie); en Afrique : l'Egypte, Tripoli, Tunis, l'Algérie, le Maroc.

Les fleuves principaux qui ont leurs embouchures dans ces différents pays, sur les rivages de la Méditerranée et de la mer Noire, sont : le *Xucar* et l'*Ebre*, en Espagne; le *Rhône*, en France; l'*Arno*, le *Tibre*, le *Pô* et l'*Adige*, en Italie; le *Vardari* et la *Maritza*, le *Danube*, en Turquie; le *Dniestr*, le *Dniepr*, le *Don*, en Russie; le *Kizil-Ermak*, en Turquie d'Asie; le *Nil*, en Egypte; le *Chélif*, la *Tafna* en Algérie.

Les principaux ports de guerre ou de commerce ouverts sur les côtes des divers pays que nous venons d'énumérer sont: *Gibraltar, Malaga, Carthagène, Alicante, Tarragone, Barcelone*, en Espagne; *Port-Mahon, Palma*, dans les Baléares; *Cette, Marseille, Toulon, Antibes, Nice*, en France; *Bastia, Ajaccio*, en Corse; *Cagliari*, en Sardaigne; *Gênes, Livourne, Civita-Vecchia, Naples, Salerne*, sur la côte occidentale de l'Italie; *Messine, Palerme, Syracuse, Catane*, en Sicile; *la Valette*, à Malte; *Otrante, Brindisi, Ancône, Venise*, sur la côte orien-

tale de l'Italie ; *Trieste*, en Istrie ; *Zara, Raguse*, en Dalmatie ;
Corfou, Patras, Nauplie, Athènes, Hermopolis (Syra), en
Grèce ; *Salonique, Gallipoli, Constantinople, Varna*, en Tur-
quie ; *Odessa, Sébastopol, Taganrog*, en Russie ; *Trébizonde*,
Sinope, Scutari, Smyrne, Rhodes, Tripoli, Acre, Jaffa, en
Turquie d'Asie ; *Damiette, Rosette, Alexandrie*, en Egypte ;
Tripoli, Tunis, dans les Etats-Barbaresques ; *Bône, Philip-*
peville, Bougie, Alger, Oran, en Algérie ; *Ceuta*, dans le
Maroc.

§ V. MER DU NORD.

**169. Situation ; forme générale du littoral ; iles
et détroits principaux ; leur situation.** — La mer du
Nord, que forme l'océan Atlantique en s'engageant entre la
Grande-Bretagne à l'ouest, la Norvége, la Suède, le Danemark,
l'Allemagne, les Pays-Bas, la Belgique et la France à l'est et au
sud-est ;—la mer du Nord présente un littoral coupé d'une multitude de baies et d'embouchures de fleuves où se trouvent des
ports d'une grande importance ; les côtes, assez élevées dans
la Grande-Bretagne et surtout en Norvége, sont, au contraire,
extrêmement basses et plates le long de l'Europe centrale, où
elles se trouvent parfois, comme en Hollande, au-dessous du
niveau de la mer, qu'il faut contenir par des digues. Evasées
vers le nord, les côtes orientales et occidentales de la mer du
Nord vont se resserrant au midi jusqu'au détroit appelé *Pas-*
de-Calais, qui débouche dans la Manche. La mer du Nord ne
forme pas de mers secondaires, mais plusieurs golfes, tels que
ceux de *Murray* et du *Forth* ou d'Edimbourg en Ecosse ; celui
du *Wash* en Angleterre ; celui de *Zuyder-Zée* dans les Pays-Bas.

La mer du Nord ne présente pas d'îles remarquables sur les
côtes d'Angleterre ; sur les côtes scandinaves elle en forme au
contraire un grand nombre ; entre ces côtes et celles du Danemark, elle pénètre par les détroits du *Skager-Rack* et du *Kat-*
tégat dans un vaste canal semé d'un grand nombre d'îles, dont
les principales appartiennent à la mer Baltique, à laquelle ces
détroits la réunissent ; sur les rivages d'Allemagne est l'île d'*Hel-*
goland, à l'Angleterre ; le long des côtes des Pays-Bas, parmi
des bancs de sable sans nombre, sur un sol qui faisait jadis
partie du continent, sont les îles *Ter-Schelling, Viéland,*
Texel, etc.

Les bouches de la Meuse, du Rhin et de l'Escaut forment
des îles nombreuses et importantes, parmi lesquelles sont celles
de *Béveland* (Nord et Sud), de *Schouwen* de *Walcheren*.

170. Pays Baignés par cette mer, embouchures des Fleuves les plus remarquables. — Grands ports.
— La mer du Nord baigne les pays suivants : à l'ouest, la Grande Bretagne. où s'ouvrent les embouchures du *Forth* et de la *Tweed*, en Écosse, de la *Tyne*, de l'*Humber* et de la *Tamise*, en Angleterre. Sur cette côte, on remarque les ports d'*Aberdeen*, de *Dundée*, de *Leith*, aux portes d'Édimbourg, de *Newcastle*, d'*Yarmouth*, de *Hull* ou *Kingston*, de *Londres*, le plus commerçant de la Grande-Bretagne et du monde entier.

À l'est : les côtes méridionales de la Norvége, où se jette le fleuve *Glommen* et où sont les ports de *Bergen*, de *Christiansand*, de *Christiania*, au fond du golfe de ce nom, de *Drontheim*; — une petite partie des côtes de Suède, où se trouve le port de *Gœteborg*; — la partie septentrionale et occidentale du Danemark.; — une partie de la Prusse, où s'ouvrent les embouchures de l'*Elbe*, le port d'*Altona*, celui de *Hambourg*; l'embouchure du *Wéser*, sur lequel est le port de *Brême*, et l'*Ems*; — les Pays-Bas, où le *Rhin*, la *Meuse* et l'*Escaut* ont leurs mille embouchures, et où se trouvent les ports renommés de *Saardam*, d'*Amsterdam*, de *Rotterdam*, de *Flessingue*; — la Belgique, qui a les ports d'*Anvers*, sur l'Escaut, et d'*Ostende*; — la France septentrionales, enfin, où sont le célèbre port de *Dunkerque* et celui de *Calais*.

§ VI. MER BALTIQUE.

171. Situation ; forme générale du littoral. — Îles et détroits principaux ; leur situation. — La mer Baltique, qui communique avec la mer du Nord par le détroit de Kattégat, est la véritable Méditerranée du Nord entre la Suède, à l'ouest, la Russie, à l'est, la Prusse, au midi. Ses côtes, plates au midi, sont hérissées de rochers à l'ouest et déchirées par une foule de caps, de baies, de petites embouchures, au-devant desquelles se trouvent un nombre infini d'îlots et d'écueils. Au nord et à l'est, le littoral offre de profondes sinuosités qui forment de véritables petites mers ou vastes golfes, savoir : le golfe de *Botnie*, à l'extrémité septentrionale ; le golfe de *Finlande* et celui de *Livonie*, sur les côtes de Russie ; le golfe de *Danzig*, sur le rivage de Prusse,

Les principales îles de la mer. Baltique sont, du sud-ouest au nord-est : — sur les côtes de Danemark : l'île de *Fionie* ou *Funen*, séparée du continent par le détroit du *Petit Belt* et par celui du *Grand Belt* et l'île de *Séeland*, que le détroit du

Sund sépare elle-même de la Suède; les îles de *Langeland*, *Laalang*, *Falster*, etc. ; — sur les côtes de Prusse, l'île de *Rugen;* — sur les côtes de Suède, l'île d'*OEland*, séparée du continent par le détroit de *Kalmar;* l'île de *Gottland*, l'archipel de *Stockholm;* sur les côtes de Russie, l'île d'*OEsel* et l'île de *Dago;* les îles d'*Abo* et d'*Aland*, que le canal d'*Aland* sépare de la Suède.

172. PAYS BAIGNÉS PAR CETTE MER. — EMBOUCHURES DES FLEUVES LES PLUS REMARQUABLES. — GRANDS PORTS. — La mer Baltique baigne, à l'ouest, la partie orientale du Danemark où sont les ports de *Copenhague*, d'*Aarrhus;* — la Suède, où débouchent de l'*Uméa*, la *Luléa* et la *Tornéa*, aux confins de la Russie, et qui offre les ports de *Karlskrona*, de *Stockholm*, de *Kalmar*, de *Norkœping*, de *Gêfle;* — la Russie où s'ouvrent les embouchures de la *Néva* et de la *Dvina*, et où il faut signaler avant tout le port de *Saint-Petersbourg;* puis les grands ports militaires de *Kronstadt* et de *Sweaborg*, et ceux de *Nystadt*, de *Helsingfors*, de *Revel*, de *Riga;* — la Prusse septentrionale, sur le rivage de laquelle se jettent le *Niémen*, la *Vistule*, l'*Oder*, et où l'on remarque les ports célèbres de *Danzig*, de *Stettin*, de *Stralsund*, de *Kiel* et de *Flensborg;* — enfin, une petite partie des côte, de l'Allemagne du Nord, où se trouvent les ports de *Rostock* et de *Lubeck*.

QUESTIONNAIRE. — § Ier. 153. Quel est le plus vaste océan? — Quelles en sont les limites? — Quel caractère présente son littoral? — dans les deux hémisphères? — 154. Quelles mers secondaires et quels golfes forme-t-il en Amérique?... en Asie?... en Océanie. — 155. Indiquez les îles principales et les détroits qui se trouvent sur les côtes d'Asie... d'Amérique... d'Océanie. — 156. Quels pays sont baignés par l'Océan Pacifique ou ses dépendances? — Signalez dans cette énumération les fleuves et les ports de chaque pays. — § II. 157. Quelle est la situation de l'océan Indien? — Quelle est la configuration de son littoral? — 158. Quelles mers secondaires et quels golfes forme-t-il?—159. Quels îles et quels détroits principaux y remarquez-vous en Afrique?... en Asie?... en Océanie? — 160. Quels pays baignent cet océan dans les trois parties du monde? — Quels fleuves reçoit-il? — Signalez les principaux ports. — § III. 161. Quelle est la situation de l'océan Atlantique? — Quelle est la forme de son littoral, soit dans l'un, soit dans l'autre hémisphère? — — Que savez-vous du Gulf-Stream? — 162. Quelles mers forme l'Atlantique? — 163. Quelles îles y remarquez-vous? — Quels détroits avez-vous à nommer? — 164. Quels pays baigne cet océan? — Quels fleuves s'y jettent? — 165. Quels en sont les ports les plus renommés? — § IV. 166. Parlez de la situation de la Méditerranée et de la configuration de son littoral. — Qu'avez-vous à dire de la mer Noire? — 167. Quelles îles y trouve-t-on? — Quels détroits signalez-ous? — 168. Quels pays baignent ces deux mers? — Quels fleuves y ont leurs embouchures? — Quels grands ports existent sur les côtes de trois continents? — § V. 169. Où est située la mer du Nord? — Quels aspect présente son littoral? — Quels détroits y remarquez-vous? — Quelles îles y compte-t-on? — 170. Enumérez les pays qu'elle baigne et en même temps les fleuves qui s'y jettent et les ports qui s'y trouvent. — § VI. 171. Qu'avez-vous à dire de la situation et du littoral de la Baltique? — Quelles îles y connaissez-vous? — Quels détroits pouvez-vous citer? — 172. Quelles contrées baignent cette mer? — Quels fleuves s'y jettent? — Quels ports principaux se trouvent sur ses rivages?

DEUXIÈME PARTIE.

Lignes de Navigation les plus suivies.

—

SOMMAIRE.

173. Les mers sont traversées en tous sens par de grandes lignes de navigation que parcourent principalement les bâtiments anglais et américains. Les navires arrivent à l'océan Pacifique par le cap de Bonne-Espérance ou par le cap Horn ; une correspondance est établie à l'isthme de Panama. Le percement de l'isthme de Suez crée une route qui sera la plus fréquentée ; les principales lignes directes sont celles qui aboutissent à Valparaiso, San-Francisco, Sydney, Yedo, Macao, Hong-Kong, Papéïti, etc. L'isthme de Panama correspond avec San-Francisco, Valparaiso, Callao, etc.

174. Les navires arrivent directement dans la mer des Indes en doublant le cap de Bonne-Espérance, ou en franchissant l'isthme de Suez. Les lignes principales sont celles de Southampton à Bombay et à Calcutta (traversée de 3 à 4 mois), de Hollande à Batavia. Des services actifs existent entre Suez, les ports de l'Arabie, de l'Inde, de la Chine et du Japon (trajet en 4 semaines).

175. Les grandes lignes transatlantiques sont celles de New-York à Brest (10 jours), de Southampton aux Antilles (19 à 25 jours), de Southampton à l'isthme de Panama (24 jours) et aux ports du Brésil ; de Saint-Nazaire aux Antilles et à l'isthme de Panama, de Bordeaux au Brésil, de Bordeaux, Marseille et le Havre, à Rio-Janeiro, aux Antilles et à New-York. Les lignes qui suivent le littoral européen et africain sont celles du Cap (33 jours), de Madère, des îles du cap Vert, etc., de Cadix, de Lisbonne (6 jours). Des relations actives existent avec les ports de l'Europe septentrionale. L'Angleterre et la France sont en communication maritime de toutes les heures.

176. La France a établi sur la Méditerranée des paquebots-poste réguliers qui vont de Marseille à Malte par Naples, et de Marseille à Constantinople par Athènes et Smyrne (en 8 jours). Ils desservent également les ports de l'Asie Mineure et de l'Egypte, et correspondent avec ceux de l'Inde et de la Chine. Le Lloyd autrichien met en communication suivie Trieste avec les ports de la Turquie. Des services réguliers existent de Marseille à Toulon aux ports de l'Algérie. La malle de l'Inde vient de l'isthme de Suez à Marseille.

177. Les navigateurs auxquels on doit les plus grandes découvertes sont : Barthélemy Diaz, qui découvre le cap de Bonne-Espérance ; Vasco de Gama, qui le double et va aux Indes ; Christophe Colomb, qui découvre l'Amérique ; Cabral, Cortez, Pizarre, qui s'établissent au Brésil, au Mexique et au Pérou ; Magellan, qui commence le premier voyage autour du monde, achevé par Cano ; Pedro d'Andrada, Fernando Perez, qui arrivent en Chine. Barough, Frobisher et Davis parcourent l'océan Glacial au seizième siècle. Hudson et Baffin les imitent au dix-septième siècle. — Schouten et Lemaire doublent le cap Horn. — Au dix-huitième siècle s'exécutent les voyages autour du monde de Bougainville, Cook, La Pérouse, d'Entrecasteaux. Béhring découvre le détroit de son nom. Au dix-neuvième siècle, les voyages les plus importants sont ceux de Freycinet, de Kotzebue, de Duperré, de Dumont d'Urville autour du monde ; des deux Ross et de John Franklin au N. de l'Amérique, et de Mac-Clure, qui découvre le passage au Nord-Ouest de l'Amérique.

173. LIGNES DE NAVIGATION A TRAVERS LE GRAND OCÉAN.

— Les mers dont on vient de présenter sommairement la description sont le théâtre d'une prodigieuse activité commerciale, que les progrès incessants de la navigation à vapeur tendent à développer chaque jour. Un nombre infini de bâtiments à voiles et à vapeur les sillonnent en tous sens, et les lignes régulières de navigation sont devenues comme les grands chemins de l'Océan, suivis et fréquentés ainsi que nos routes terrestres. C'est l'Angleterre et ses colonies, ainsi que les États Unis d'Amérique, qui ont donné à la navigation marchande la plus vive impulsion, et qui envoient sur toutes les mers le plus grand nombre de navires ; ce sont ces deux grandes nations maritimes qui sont le point de départ des lignes les plus importantes. La France s'efforce de rivaliser avec elles en créant des services de paquebots à vapeur, qui parcourent sans cesse la Méditerranée, l'Atlantique et les mers des Indes et de Chine.

Nous indiquerons les grandes lignes de navigation dans l'ordre adopté ci-dessus pour la description des mers.

Le Grand Océan, quoique situé dans un autre hémisphère, et rempli de récifs formés par d'immenses bancs de polypiers et de coraux, qui en rendent la navigation dangereuse, le Grand Océan est parcouru par un grand nombre de navires européens. Deux voies directes y conduisent en sens opposé : les bâtiments s'y rendent d'Europe en doublant le cap Horn, ou le cap de

Bonne-Espérance. Une troisième voie, plus fréquentée encore, s'est établie au moyen d'une correspondance entre les navires qui arrivent d'un côté de l'isthme de Panama et ceux qui reçoivent des voyageurs et les marchandises transportées à travers l'étendue de l'isthme, soit à l'aide d'un chemin de fer, soit à l'aide des lacs de Nicaragua et de Saint-Juan, où s'exerce une sorte de navigation intermédiaire, et que des canaux uniront peut-être bientôt au Grand Océan. Enfin, l'ouverture du canal de Suez, en créant une route plus directe, accroîtra encore l'importance des relations commerciales. La découverte des mines d'or de la Californie, puis l'ouverture des ports de la Chine et du Japon, ont donné une activité extraordinaire aux relations de l'Europe avec le Grand Océan, surtout par la voie indirecte que nous venons de signaler. — Les lignes de navigation les plus importantes sur le Grand Océan sont celles qui, des principaux ports d'Angleterre et de France, aboutissent à *Valparaiso* dans le Chili, à *San-Francisco* en Californie, à *Sidney* et *Melbourne* dans l'Australie. Au centre même du Grand Océan, *Papéïti*, dans les îles de la Société, et *Honolulu*, aux *Sandwich*, sont les points de relâche des navires européens qui parcourent pour la pêche de la baleine ces vastes solitudes. Les distances sont trop considérables pour que la durée des traversées soit bien fixe. L'isthme de Panama est le point de départ de plusieurs lignes régulièrement servies dans l'Océan Pacifique, telles que celles de Panama à Valparaiso (traversée de 21 jours), à San Francisco (même durée environ), à Callao dans le Pérou (traversée de 8 jours), à Yedo, au Japon et à Hong-Kong, en Chine.

174. Lignes de navigation a travers la mer des Indes. — La mer des Indes est sillonnée par les navires anglais, hollandais, français et portugais qui se rendent dans les Indes, en Chine et dans les établissements de l'Océanie après avoir doublé le cap de Bonne-Espérance, ou franchi le canal de Suez. Les lignes les plus fréquentées sont celles de *Southampton* à *Bombay* et à *Calcutta*, des ports de Hollande à *Batavia*. Par le cap de Bonne-Espérance, la durée de la navigation de l'Angleterre aux Indes est de trois à quatre mois. Elle se fit d'abord beaucoup plus rapidement à l'aide de correspondances établies par l'isthme de Suez, où un chemin de fer unissait Alexandrie à Suez, mais l'ouverture du canal de Suez a changé entièrement les habitudes de navigation pour les Indes. Aussi la ligne de Suez aux différents ports de l'Asie méridionale et de l'Océanie est-elle une des plus fréquentées du monde et des plus régulièrement servies. La traversée de *Suez* à *Aden*, en Arabie, est de huit jours, celle de *Suez* à *Bombay* de dix-huit jours, celle de *Suez* à *Madras* de vingt-cinq jours, celle de *Suez* à *Calcutta* de trente-deux jours, en doublant l'Hindoustan; la ligne de Suez est suivie par la *malle de l'Inde* qui apporte les dépêches à Londres en moins de quatre semaines, en traversant rapidement la France au moyen de son réseau de chemins de fer. La France prend une grande part à ce transit par des lignes de paquebots à vapeur très-suivis, qui desservent les îles *Maurice* et de la *Réunion*, au S. O., et s'étendent à l'Est vers *Saïgon*, en Indo-Chine; *Yedo*, au Japon; *Hong-Kong* et *Shang-Haï*, en Chine.

175. LIGNES DE NAVIGATION SUR L'OCÉAN ATLANTIQUE, LA MER DU NORD ET LA BALTIQUE. — L'océan Atlantique, surtout dans l'hémisphère septentrional, est traversé en tous sens par une multitude de navires, et c'est entre l'Amérique du Nord, l'Angleterre et la France que sont établies les communications maritimes les plus régulières, les plus rapides et les plus multipliées. La première de toutes ces lignes de navigation transatlantique est celle de *New-York* à *Brest* et au *Havre*, qui est habituellement parcourue en dix jours. La traversée de *Liverpool* à *Halifax* se fait en douze jours; la traversée de *Liverpool* à *Boston* se fait en quinze jours; celle de *Southampton* à la *Havane* en vingt-cinq jours et demi; celle de *Southampton* à la *Jamaïque* en vingt-deux jours et demi; celle de *Southampton* à la *Guadeloupe* en dix-neuf jours; celles de *Southampton* à *Chagres* et *Aspinwal*, si importante à cause du passage de l'isthme de Panama, en vingt-quatre jours; celle de *Southampton* à la *Guyane anglaise* en vingt-deux jours. Les lignes de navigation de *Southampton* à *Bahia*, à *Rio-Janeiro*, à *Montevidéo*, quoique moins fréquentées, sont aussi parcourues avec une grande régularité. — La France a créé des services transatlantique : 1° de *Saint-Nazaire* aux *Antilles*, à *l'isthme de Panama*, à la *Nouvelle-Orléans* et à la côte de *Colombie;* 2° de *Bordeaux* à *Rio-Janeiro*, avec escale à Lisbonne aux Açores et au Sénégal. — Il existe aussi une ligne régulière de New-York au Havre, servie par des navires américains. Des départs réguliers ont également lieu du Havre par paquebots à voiles français, pour Rio-Janeiro et la plupart des villes importantes de l'Amérique du Nord et du Sud. Un service régulier existe entre *Marseille* et le *Brésil*, et nos relations avec Montévidéo sont des plus suivies. Les vents alizés et les courants qui règnent vers l'équateur favorisent la traversée à la voile de l'Europe en Amérique et dans l'Atlantique.

Les principales lignes de navigation qui, ne franchissant pas l'Océan, établissent des communications avec les ports d'Europe et d'Afrique, sont la ligne du *Cap* à *Plymouth*, qui est parcourue en trente-trois jours par les paquebots anglais, la ligne de *Southampton* à *Madère*, de *Plymouth* aux *îles du cap Vert*, de *Southampton* à *Gibraltar* (traversée de neuf jours), à *Cadix* (huit jours), à *Lisbonne* (six jours).

Une navigation très-active existe entre les villes maritimes des Pays-Bas et de l'Allemagne et les ports de la Baltique, bien qu'il y ait à franchir le détroit du Sund, et que la navigation de la Baltique soit interrompue pendant plusieurs mois par les glaces.

Nos ports du nord de la France sont également le point de départ de plusieurs lignes de navigation importantes et régulières vers l'Europe septentrionale. Des correspondances à jour fixe existent entre *Dunkerque*, *Rotterdam* et *Saint-Pétersbourg*, entre le *Havre* et les villes de *Hambourg*, *Brême*, *Lubeck*, *Copenhague*. *Calais*, *Boulogne*, le *Havre*, sont les points de départ et d'arrivée d'un nombre infini de paquebots mettant en relations continuelles la France et l'Angleterre.

176. Lignes de navigation sur la Méditerranée.
— La marine française, sur la Méditerranée, parcourt avec régularité toutes les grandes lignes de navigation. Les paquebots-postes de la Méditerranée partent de *Marseille* pour *Malte* en touchant à Gênes, à Livourne, à Civita-Vecchia, à Naples, à Messine (ligne d'Italie). — La ligne du Levant, de *Marseille* à *Constantinople*, dessert sur son passage Syra, Athènes, Smyrne, Gallipoli. La traversée de *Marseille* à *Constantinople* se fait en huit jours environ. Cette même ligne dessert l'Asie Mineure, *Smyrne*, *Latakieh*, etc., ainsi que l'Egypte, par *Alexandrie*, *Port-Saïd*, d'où elle correspond avec les lignes de la mer Rouge, de l'Inde et de la Chine, par la traversée du canal de Suez.

Les paquebots du Lloyd autrichien suivent diverses lignes de navigation fort importantes qui ont *Trieste* pour point de départ, et aboutissent aux divers ports de la Grèce et de la Turquie européenne et asiatique jusque dans la mer Noire, où ils touchent à *Varna*, à *Sinope*, à *Trébizonde*.

Parmi les lignes de navigation les plus intéressantes pour la France, il faut compter celles qui, partant de Marseille, de Toulon ou de Cette, nous mettent en communication journa-

TABLE DES MATIÈRES.

Paris. — ÉD. BLOT, imprimeur, rue Bleue, 7.

ATLAS DIVERS DE M. F. ANSART

Qui se trouvent à la Librairie CH. FOURAUT, à Paris.

ATLAS
HISTORIQUE ET GÉOGRAPHIQUE
RENFERMANT

Toutes les Cartes anciennes, du moyen âge, modernes, de France, et les Cartes
contemporaines nécessaires pour suivre un Cours complet d'études,

DRESSÉ

POUR L'USAGE DES LYCÉES, DES COLLÉGES, DES SÉMINAIRES

Et de tous les Établissements d'instruction,

PAR F. ANSART

AUTORISÉ PAR LE CONSEIL DE L'INSTRUCTION PUBLIQUE

*Nouvelle édition, augmentée d'un grand nombre de Cartes, et mise en rapport
avec les programmes du 12 août 1857,*

PAR ED. ANSART FILS

Professeur d'histoire et de géographie, membre de la Société de Géographie.

Un volume grand in-4°, composé de 62 Planches, donnant plus de 121 Cartes
et Plans ; demi-reliure. . . . . 18 fr.

ATLAS DIVERS

EXTRAITS DE L'ATLAS GÉNÉRAL CI-DESSUS

Nos

1. ATLAS POUR LA CLASSE DE SIXIÈME, composé de 8 Planches, donnant 16 Cartes et Plans. 1 volume in-4°, cartonné. . . . . 3 fr.

2. ATLAS POUR LA CLASSE DE CINQUIÈME, composé de 17 Planches, donnant 27 Cartes et Plans. 1 volume in-4°, cartonné. . . . 5 fr. 50 c.

3. ATLAS POUR LA CLASSE DE QUATRIÈME, composé de 13 Planches, donnant 32 Cartes et Plans. 1 volume in-4°, cartonné. . . . . . 4 fr.

Nos

4. ATLAS POUR LA CLASSE DE TROISIÈME, composé de 24 Planches, donnant 39 Cartes et Plans. 1 vol. in-4°, cartonné. . . . . . 7 fr. 50 c.

5. ATLAS POUR LA CLASSE DE SECONDE, composé de 17 Planches, donnant 39 Cartes et Plans. 1 vol. in-4°. cartonné. . . . . 5 fr. 50 c.

6. ATLAS POUR LA CLASSE DE RHÉTORIQUE, composé de 18 Planches, donnant 33 Cartes et Plans. 1 vol. in-4°, cartonné. . . . . . 6 fr.

On peut aussi continuer à se procurer les Atlas suivants du même Auteur :

7. ATLAS DE GÉOGRAPHIE ANCIENNE ET ROMAINE, composé de 14 Planches. 1 vol. in-4°, cart. . 4 fr. 50 c.

8. ATLAS DE GÉOGRAPHIE DU MOYEN AGE, DES TEMPS MODERNES ET DE LA FRANCE, composé de 23 Planches. 1 volume in-4°, cartonné. . 7 fr.

9. ATLAS HISTORIQUE DE FRANCE, composé de 8 Planches. 1 volume in-4°, cartonné. . . . . 3 fr.

10. ATLAS DE GÉOGRAPHIE PHYSIQUE ET CONTEMPORAINE, renfermant 25 Pl., 1 vol. in-4°, cart. . . . 7 fr.

11. ATLAS DE GÉOGRAPHIE CONTEMPORAINE (Cartes générales seules), composé de 11 Planches. 1 volume in-4°, cartonné. . . . 3 fr. 50 c.

12. ATLAS DE GÉOGRAPHIE ANCIENNE ET MODERNE COMPARÉE, composé de 34 Planch., 1 vol. in-4°, cart. 9 fr.

PARIS. — ÉDOUARD BLOT, IMPRIMEUR, RUE TURENNE. 60.